スッキリ わかる

日商簿記 1級

工業簿記・原価計算

IV 意思決定・特殊論点編

TAC出版開発グループ

はしがき

工業簿記・原価計算は内容を正確に理解することが大切です。

　1級の試験において、商業簿記・会計学はもちろん大切ですが、合格の鍵を握っているのは、工業簿記・原価計算といっても過言ではありません。というのも、工業簿記・原価計算の試験では、満点もねらえる反面、ひとつの間違いがその後の解答へと影響し、大きな失点につながることもあるからです。

　そこで、工業簿記・原価計算の対策として何よりも必要なのは、**内容を正確に理解しておくこと**です。

特徴1　「場面をイメージしやすいテキスト」にこだわりました

　そこで本書は、工業簿記・原価計算の理解を深めるため、2級でもおなじみのゴエモンというキャラクターを登場させ、工業簿記・原価計算の場面がイメージしやすいようにしてあります。みなさんもゴエモンといっしょに工業簿記・原価計算について正確な知識を学んでいきましょう。

特徴2　テキスト&問題集

　1級の試験対策として、ただテキストを読んで重要事項を暗記するだけでは通用しません。知識の正確な理解と**問題を繰り返し解くこと**が重要になってきます。

　特に、工業簿記・原価計算は多くの資料の中から必要な資料を選び出して計算します。どの資料を使うかはその内容を正確に理解する必要があります。

　そこで、テキストを読んだあとに必ず問題を解いていただけるよう、本書はテキストと問題集を一体にしました。問題集には、テキストの内容を理解するための基本問題はもちろん、本試験レベルの応用問題も入っています。

　また、実力を確認するためのチェックテスト1回分（工簿・原計）を収載しています。テキストⅠ～Ⅳを学習したあとに、チャレンジしてください。

　簿記の知識はビジネスのあらゆる場面で活かすことができます。

　本書を活用し、簿記検定に合格され、みなさんがビジネスにおいてご活躍されることを心よりお祈りいたします。

初版から第2版への主な改訂点

　第2版は、初版につき、最近の試験傾向に対応するために、改訂を行っています。

●簿記の学習方法と合格までのプロセス……●●

1. テキストを読む
テキスト

まずは、**テキストを読みます**。

テキストは自宅でも電車内でも、どこでも手軽に読んでいただけるように作成していますが、机に向かって学習する際には鉛筆と紙を用意し、取引例や新しい用語がでてきたら、**実際に紙に書いてみましょう**。

また、本書はみなさんが考えながら読み進めることができるように構成していますので、ぜひ**答えを考えながら**読んでみてください。

2. テキストを読んだら問題を解く！
問題編

簿記は**問題を解くことによって、知識が定着**します。本書はテキスト内に、対応する問題番号を付していますので、それにしたがって問題を解きましょう。

また、まちがえた問題には付箋などを貼っておき、あとでもう一度、解きなおすようにしてください。

3. もう一度、すべての問題を解く！＆チェックテストを解く！
問題編

上記1、2を繰り返し、テキストが全部終わったら、**テキストを見ないで**問題編の問題をもう一度最初から全部解いてみましょう。

こうすることで、知識を完全に身につけることができます。

そのあと、次のテキストに進みます。テキストⅣまで学習したら、巻末の別冊に入っている**チェックテスト**を解きましょう。

4. そして過去問題集を解く！
過去問題集

すべてのテキストの学習が終わったら、本試験の出題形式に慣れ、時間内に効率的に合格点をとるために**過去問題集（別売）***を解くことをおすすめします。

＊TAC出版刊行の過去問題集…「合格するための過去問題集 日商簿記1級」

合格

工業簿記・原価計算で学習する主な内容

テキストⅠ　費目別・個別原価計算編

工業簿記・原価計算の基礎			
費目別計算	材料費会計	労務費会計	経費会計
(単純)個別原価計算	一連の流れ	製造間接費の配賦と差異分析	
部門別個別原価計算	部門個別費と部門共通費の集計	補助部門費の製造部門への配賦	補助部門費の配賦方法と責任会計
個別原価計算の仕損			

テキストⅡ　総合・標準原価計算編

総合原価計算の基礎			
仕損・減損が生じる場合の計算	異常仕損・減損	正常仕損・減損（度外視法）	正常仕損・減損（非度外視法）
工程別総合原価計算	累加法	非累加法	
組別・等級別総合原価計算	組別総合原価計算	等級別総合原価計算	
連産品の原価計算	連産品	副産物	
標準原価計算の基礎	標準原価計算とは	標準原価計算の計算手続	勘定記入
標準原価計算の応用	標準工程別総合原価計算	標準個別原価計算	
標準原価計算における仕損・減損	原価標準の設定	第1法	第2法
原価差異の会計処理	原価差異の会計処理	材料受入価格差異	

テキストⅢ　直接・CVP・予算実績差異分析編

直接原価計算	直接原価計算とは	損益計算書の表示と勘定連絡	
	固定費調整	直接標準原価計算とは	
CVP分析	固変分解	CVP分析	多品種のCVP分析
最適セールス・ミックス	制約条件が1種類の場合	制約条件が2種類の場合	
予算編成			
事業部の業績測定	セグメント別損益計算書	資本コスト	事業部長と事業部自体の業績測定
予算実績差異分析	直接実際原価計算	直接標準原価計算	セグメント別の予算実績差異分析

本書

テキストⅣ　意思決定・特殊論点編

差額原価収益分析	特別注文引受可否の意思決定	内製・購入の意思決定	追加加工の要否の意思決定
	セグメントの継続・廃止の意思決定	経済的発注量の計算	
設備投資の意思決定	設備投資の意思決定モデル		
	新規投資	取替投資	
新しい原価計算	品質原価計算	活動基準原価計算	

※上記収録論点は変更になる可能性があります。

●日商簿記1級の出題傾向と対策(工業簿記・原価計算)

1．配点と合格点

　日商簿記1級の試験科目は、商業簿記、会計学、工業簿記、原価計算の4科目で、各科目の配点は25点です。また、試験時間は商業簿記・会計学であわせて90分、工業簿記・原価計算であわせて90分です。

商業簿記	会計学	工業簿記	原価計算	合計
25点	25点	25点	25点	100点

　　　　試験時間90分　　　　試験時間90分

　合格基準は100点満点中70点以上ですが、10点未満の科目が1科目でもある場合は不合格となりますので、苦手科目をなくしておくことが重要です。

2．出題傾向と対策（工業簿記・原価計算）

　1級工業簿記・原価計算の出題傾向と対策は次のとおりです。

出題傾向 　　　　　　　　　　　　　　対　策

工業簿記

工業簿記では、製品原価計算を前提とした勘定記入、差異分析、財務諸表の作成などが出題されます。

　2級で学習した内容が大部分を占めますが、1級では正確な理解がともなわないと、解答するのが困難な問題が出されます。テキストⅠ・Ⅱをよく読み、背景にある理論体系をしっかりと理解したうえで、問題演習を繰り返してください。

原価計算

原価計算では管理会計を中心とした計算問題が出題されます。

　1級ではじめて学習する管理会計は、学習内容がつかみづらい論点でもあります。まずはテキストⅢ・Ⅳをしっかりと読んで、学習をすすめてください。また、長文で出題され、応用力が問われる問題が多く出されます。必要な資料を的確にピックアップできるよう、正確に理解することを心がけてください。

※日商簿記1級の試験日は6月（第2日曜）と11月（第3日曜）です。試験の詳細については、検定試験ホームページ（https://www.kentei.ne.jp/）でご確認ください。

CONTENTS

第1章

業務的意思決定

......

取引先から入ったいつもと違う注文を受けるべきか…。
部品を買ってくるべきか、自前で作るべきか…。
ゴエモン㈱の事業部の編成はいまのままでいいのかな…。

経営者は日々さまざまな問題について意思決定を迫られています。
そうした企業における意思決定に際して役立つことが
管理会計の重要な目的の１つです。
それでは、管理会計が企業の意思決定に対して
どのように役立っているのか具体的に学習していきましょう。

この章で学習する項目

1. 経営意思決定とは
2. 経営意思決定における原価
3. 差額原価収益分析とは
4. 特別注文引受可否の意思決定
5. 内製か購入かの意思決定
6. 追加加工の要否の意思決定
7. セグメントの継続か廃止かの意思決定
8. 経済的発注量の計算
9. 価格決定

1級
新
論点

経営意思決定とは?

経営意思決定に際して、管理会計はどのように役立つのだろうか…?

企業経営を進めるうえで、経営者は将来の活動に関してさまざまな決断を下していく必要があります。このように企業が将来においてとるべき行動を決定することを経営意思決定といいます。

● 経営意思決定とは

　これまでに、正確な製品原価の計算を目的とする実際原価計算制度、原価管理を目的とする標準原価計算制度、さらに、利益管理に有用な直接原価計算を学習してきました。そして最後に、本書では**経営意思決定**についてみていきます。

　企業を経営していると、将来の活動についてさまざまな決断を下していく必要があります。ゴエモン㈱では、新規事業への進出を考えていますが、この場合、どの事業へ進出するか、どの製品を生産販売するか、製品価格はいくらにするのか、製品の部品は自社製とするのか外部から購入するのかなど、さまざまな事柄を決定していかなくてはなりません。

　経営意思決定とは、企業が経営活動を行ううえで生じたさまざまの問題を解決し、とるべき方向を決定するための原価計算手法のことをいいます。

経営上生じた問題解決のための原価計算ですね。

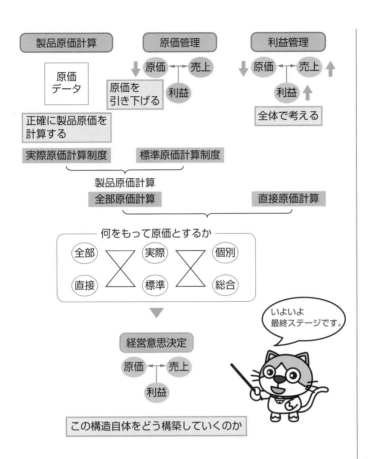

いままでの学習では既存の経営構造の枠内でさまざまな目的のために原価計算を行ってきましたが、これからは既存の経営構造をいかに再構築していくのかという観点から、視野を広げて物事を考えていきます。

> 企業経営の基本的な構造を経営構造といいます。

経営意思決定の分類

経営意思決定は、既存の経営構造を部分的に再構築する(1)**業務執行上の意思決定**と、全体的に再構築する(2)**構造的意思決定**の2つに分類できます。

(1) 業務執行上の意思決定

業務執行上の意思決定とは、既存の経営構造を前提に、その枠組みの中で日々の業務を執行する際の諸問題を解決するための意思決定をいいます。この意思決定では、通常1年以内といった短期的な視点に立って意思決定が行われるのが特徴です。

既存の経営構造を前提に、問題点を部分的に再構築していきます。

具体的には以下のようなことを学習していきます。

①新規注文を引き受けるか断るか	→ 特別注文引受可否の意思決定（CASE 4）
②部品を内製するか購入するか	→ 内製か購入かの意思決定（CASE 5）
③追加加工して販売するか	→ 追加加工の要否の意思決定（CASE 6）
④既存の製品品種の製造・販売を中止するか	→ セグメントの継続か廃止かの意思決定（CASE 7）
⑤材料の最適購入単位の計算	→ 経済的発注量の計算（CASE 8、9）

(2) 構造的意思決定

構造的意思決定とは生産・販売する製品の種類、工場の立地や生産設備の規模など、既存の経営構造の変革にかかわる問題を解決するための意思決定をいいます。

既存の経営構造を全体的に再構築していきます。

通常この意思決定は、長期的な視点に立って意思決定が行われるのが特徴です。

この構造的意思決定については試験上の重要性から、生産設備の新設、取替えについての意思決定（これを設備投資の意思決定といいます）を中心に、第2章で学習します。

● 意思決定のプロセスと管理会計

経営意思決定は問題を解決するための企業方針の決定であり、次のプロセスによって行われます。

Step 1 問題の明確化
　　まず、いま直面している問題を明確に定義します。

Step 2 代替案の探索
　　次に、その問題に対していかなる行動をとるか、できるだけ多くの代替案を考案します。

Step 3 代替案の評価と選択
　　各代替案につき、さまざまな情報を収集し、評価して、いずれの案をとるかを決定します。

Step 4 実行
　　選んだ案を実行に移します。

　このプロセスからわかるように経営意思決定は、将来の活動に関するさまざまな代替案の中からもっとも望ましいものを選択することです。

　上記のプロセスのうち、管理会計が役立つのは、Step 3 の代替案の評価と選択においてです。代替案の評価にあたってはさまざまな要因が考慮されますが、なかでも重要なのは、各代替案がもたらす利益です。管理会計担当者は、各案によったときに、どれだけの利益が得られるかを計算し、経営者に報告します。経営者は、利益とあわせてほかの諸要因を考慮し、最終的に選択を行うわけです。

　そこで、1 級の試験では Step 1 と Step 2 が問題で指示され、Step 3 を皆さんが処理することになります。その際に重要なのは、**各代替案を比較したときに金額に差が生じるか否か**ということです。差額が生じればそれは両案の差となり、代替案に優劣がつくことになります。

　そして、最終的に企業にとって有利な代替案を選択することになります。

2

経営意思決定における原価

経営意思決定では、どんな原価情報が必要なの？

経営意思決定ではこれまで学習してきた原価計算制度から得られる原価情報だけでは不十分で、特別な調査により別の原価情報を入手する必要があるようです。どのような情報が必要になるのでしょうか。

経営意思決定における原価とは

　経営意思決定のための原価計算では、いままでの学習とは違う原価概念が用いられ、意思決定において考慮すべき原価だけを計算対象とします。

(1) 関連原価と無関連原価

　関連原価とは、代替案の比較により発生額の異なる原価をいいます。

　一方、**無関連原価**とは、代替案の比較により発生額の変化しない原価をいいます。なお、無関連原価は**埋没原価**ともいいます。

　ここで、関連原価と無関連原価のうち意思決定において考慮すべき原価は、関連原価だけです。無関連原価は、いずれの案をとっても同じだけ発生し、意思決定に影響を与えないので、計算上、考慮しません。

　これらの点について、具体的な数値を使用してみていきましょう。

　ゴエモン㈱では50万円で購入した木材を使い、木彫りの熊の置物を生産・販売しようとしています。ここで、木材を手作業で加工するか機械で加工するかを検討中です。

　手作業で加工する場合には、加工費が53万円かかり、機械

> 原価だけでなく収益についても同様の考え方をします。その場合、関連収益・無関連収益となります。

で加工する場合には、加工費が52万円かかるとします。

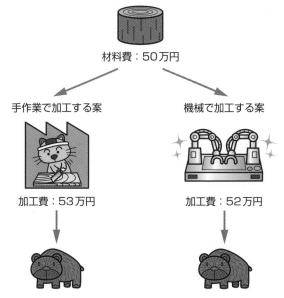

材料費：50万円

手作業で加工する案　　　　機械で加工する案

加工費：53万円　　　　　　加工費：52万円

　このうち、加工費は、各案で発生額の異なる原価であるため、関連原価となります。これに対して、材料費50万円は、各案で発生額が変化しない原価であるため、無関連原価（埋没原価）となります。

(2)　差額原価とは

　差額原価とは関連原価の比較から生じる各原価項目の差額（およびその合計）をいいます。

　さきほどの数値例でいうと、加工費は手作業で加工する案の関連原価が53万円なのに対して機械で加工する案の関連原価は52万円であるため、両者の差額1万円が差額原価となります。

> 関連収益の差額の場合は差額収益となり、差額収益と差額原価の差額を差額利益といいます。

(3)　機会原価とは

　機会原価とは、特定の代替案を選択した場合に、得る機会を失う（最大の）利益額をいいます。機会原価は、差額利益を計算するうえで控除項目（すなわち差額原価）となります。

　たとえば、木彫りの熊の置物を150万円で販売する場合、手

作業で加工する案から得られる利益は47万円、機械で加工する案から得られる利益は48万円となります。このとき、機械で加工する案を採用すると、48万円の利益を得る代わりに、手作業で加工する案によって得られたはずの利益47万円は得られません。

　この、47万円が機会原価となります。

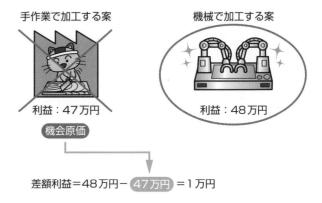

手作業で加工する案　　　　　機械で加工する案

利益：47万円　　　　　　　利益：48万円

機会原価

差額利益＝48万円－ 47万円 ＝1万円

差額原価収益分析とは?

差額原価収益分析を
していくんだけど、
差額原価はどれかな?

月給制

CASE4から具体的な
業務的意思決定計算に
ついて学習していきますが、
その際、差額原価収益分析と
いう手法を使っていきます。
そこで、まずは差額原価収益
分析の分析手法について、基
本的計算パターンをみておき
ましょう。

● 差額原価収益分析とは

　経営意思決定を適切に行うための原価計算手法を**差額原価収**
益分析といい、諸代替案の比較から生じる**差額収益**と**差額原価**
から**差額利益**を計算し、有利な代替案を選択することによって
分析を行います。
　この差額原価収益分析の計算方法は、(1)**総額法**と、(2)**差額法**
の2つに大別することができます。

(1) 総額法

　各代替案から生じる収益・原価をすべて列挙し、各代替案の
利益を計算したうえで、それぞれを比較し、差額利益を計算す
る方法をいいます。

		代替案 A	−	代替案 B	=	差　　額
（収　　益）		関 連 収 益		関 連 収 益		差 額 収 益
		無関連収益		無関連収益		――
（原　　価）		関 連 原 価		関 連 原 価		差 額 原 価
		無関連原価		無関連原価		――
（利　　益）		利　　益	−	利　　益	=	差 額 利 益

⑵　差額法

　各代替案の関連項目（関連収益と関連原価）のみを抜き出して、直接に差額収益と差額原価を計算することで差額利益を求める方法をいいます。

差額収益		
代替案Aの関連収益	×× ×	
代替案Bの関連収益	△×× ×	×× ×
差額原価		
代替案Aの関連原価	×× ×	
代替案Bの関連原価	△×× ×	×× ×
差額利益		×× ×

　上記のいずれかによって計算した結果、差額利益がプラスであれば、代替案Aのほうが利益が大きいので、代替案Aを採用したほうが有利であると意思決定することになります。

 差額利益の計算方法

　差額原価収益分析の計算には、収益・原価の両方から差が生じる場合と収益は変化せず原価だけ差が生じる場合があります。**各代替案が原価のみに影響を与える場合には差額原価のみを測定・比較して有利な案を選択する**ことになります。

●変動費・固定費と関連原価・無関連原価(埋没原価)の関係

業務執行上の意思決定は、業務活動量に関する用途の選択であるといえます。

したがって多少の例外はあるものの、おおむね次の関係が成立します。

現状の経営構造のもとでいかなる業務活動を行うかということであるともいえます。

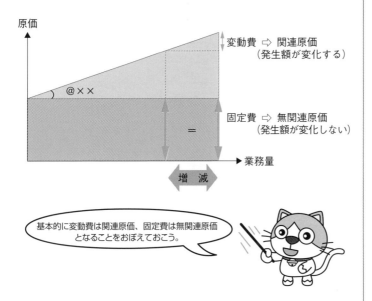

変動費 ≒ 関連原価
固定費 ≒ 無関連原価

原価

変動費 ⇨ 関連原価
（発生額が変化する）

@××

固定費 ⇨ 無関連原価
（発生額が変化しない）

＝

業務量

増　減

基本的に変動費は関連原価、固定費は無関連原価となることをおぼえておこう。

ただし、通常は直接労務費として変動費になる直接工の給与が固定給（月給制）の場合、業務量が増加しても定時間内であれば金額は変化しないので無関連原価となります。

また、部品を内製するために必要な特殊機械の年間賃借料など、業務量が増加したときに固定費も増加する場合には、増加する部分の固定費は関連原価となります。

　それでは、CASE 4 から具体的な業務的意思決定を差額原価収益分析により計算していきましょう。

特別注文引受可否の意思決定

大口の注文には200円値引きしないといけないんだよね。
注文を引き受けたほうが得なのかなぁ。

1個
@600円

900個
@400円

ゴエモン㈱では従来販売してきた木彫りの熊の置物について、新規のお客さんから大量注文がありました。しかし通常の販売価格より安くしないとキャンセルするという条件付きです。そこで、この新規注文を引き受けるかどうかについて差額原価収益分析で意思決定を行うことになりました。

例 次の資料にもとづいて、各問に答えなさい。

［資　料］

1．当社は製品Aの製造・販売を行っている。製造原価および販売費・一般管理費の予算データは次のとおりである。

		製品1個あたりの変動費	固定費
製 造 原 価		290円／個	1,000,000円
販売費	販売員手数料	30円／個	——
	物品運送費	10円／個	——
一般管理費		——	100,000円

2．現在の製品Aの製造・販売量は4,500個であり、販売単価は600円である。

3．いま、新規の顧客から「単価が400円、個数が900個」という条件で注文がなされてきた。注文の相手方は、この条件でなければキャンセルするという。そこでこの注文を受けるべきか否かを差額原価収益分析を行って判断したい。ただし、相手側からの注文のため新規注文に対する販売員手数料は発生せず、当社にはこの注文を受けるだけの十分な生産能力がある。

［問１］ 上記の資料にもとづき、この注文を引き受けるほうがよいか、断ったほうがよいか答えなさい。

［問２］ 新規注文を引き受ける場合、既存の販売分4,500個の販売単価600円を570円に引き下げなければならないとする。この条件を加味したうえで、新規注文を引き受けるほうがよいか、断ったほうがよいか答えなさい。

［問３］ 前問の価格引下げの条件は削除する。新規注文を引き受ける場合、既存の販売分4,500個の販売単価600円を引き下げなければならないとする。新規注文の引受けにより損をしないためには4,500個の販売単価をいくらまでなら引き下げられるか答えなさい。

● 特別注文引受可否の意思決定とは

企業は顧客からの引合いがあればこれを受注するか否かを決めなければなりません。そこで従来から生産・販売している製品に対して新規の顧客から特別の条件で注文があった場合に、これを受注するか否かについての判断を行う意思決定を**特別注文引受可否の意思決定**といいます。

この場合、新規に特別注文を引き受けることによって追加的に発生する収益と原価、すなわち差額収益と差額原価を比較して差額利益を計算し、特別注文の引受けにより差額利益が生じるならば、その注文は引き受けるべきであると判断することになります。

それでは、［問１］について具体的に計算していきましょう。

解法1 総額法

　総額法では、まず注文を引き受ける場合と断る場合の両案の営業利益を総額で計算します。その結果、注文を引き受ける場合の営業利益のほうが大きいのであれば注文を引き受け、そうでなければ新規注文は断ると判断します。

　注文を引き受ける場合と断る場合とで収益、原価に差額の生じるものが関連収益、関連原価となります。

CASE 4の関連収益・関連原価

・関連収益：売上高
・関連原価：変動製造原価、変動販売費

　関連収益、関連原価は代替案ごとに発生額が異なるので、注文を引き受ける場合から断った場合を差し引くと差額が生じます。これを差額収益、差額原価といいます。

　また、両代替案で発生額が同じで差額が生じない収益と原価が無関連収益および無関連原価（埋没原価）となります。

	注文を引き受ける場合	注文を断る場合	差　額
収　益			
既存販売分	@600円×4,500個＝2,700,000円	@600円×4,500個＝2,700,000円	0円
新規注文分	@400円× 900個＝ 360,000円	――	360,000円
収益合計	3,060,000円	2,700,000円	360,000円
変 動 費			
製 造 原 価	@290円×5,400個＝1,566,000円	@290円×4,500個＝1,305,000円	261,000円
販　売　費			
既存販売分	@40円×4,500個＝ 180,000円	@40円×4,500個＝ 180,000円	0円
新規注文分	@10円× 900個＝ 9,000円	――	9,000円
固 定 費			
製 造 原 価	1,000,000円	1,000,000円	0円
一 般 管 理 費	100,000円	100,000円	0円
原価合計	2,855,000円	2,585,000円	270,000円
営業利益	205,000円	115,000円	90,000円

　以上より、注文を引き受ける場合の営業利益が205,000円、断った場合の営業利益が115,000円となり、注文を引き受ける場合の営業利益のほうが90,000円大きいので、注文を引き受けるほうが有利であると判断されます。

解法2 **差額法**

　差額法では、注文を引き受けた場合と断る場合の両案を比較して、差額が生じる項目のみを拾い出し、差額収益と差額原価を計算します。その結果、差額収益が差額原価を上回り、差額利益がプラスであれば注文を引き受け、そうでなければ新規注文を断ると判断します。

Ⅰ. 差額収益

新規注文分売上高　@400円×900個		= 360,000円

Ⅱ. 差額原価

変動製造原価	@290円×900個 = 261,000円		
変動販売費	@　10円×900個 =	9,000円	270,000円

Ⅲ. 差額利益　　　　　　　　　　　　　　　　　　　　　90,000円

　以上より、注文を引き受けた場合、差額利益が90,000円生じるので、注文を引き受けるほうが有利であると判断されます。

〈1級の出題ポイント〉
総額法と差額法

総額法によっても差額法によっても、意思決定の結論は変わりません。この差額原価収益分析では、試験上、資料の読み取りが重要となるので、まずはすべての資料を拾い出し、営業利益を正確に計算する総額法で意思決定を行うようにしてください。そして慣れてきたら、計算上必要なもの（差額収益、差額原価）だけ拾い出す差額法で解いてスピードアップを図っていきましょう。

この特別注文引受可否の意思決定計算では、おのおのの構成要素のうち、注文を引き受けることにより、何が変わるのかを問題文と資料から読み取ることが重要となってきます。

●追加条件を考慮する場合

　［問1］では、新規の注文を引き受けようと断ろうと、既存の顧客への製造・販売分については、従来の価格@600円のまま販売できるという仮定のもとで計算してきました。しかし、この新規注文を特別価格で引き受けることで、既存の販売分の販売価格に影響を及ぼすという追加条件が加わったときは、［問1］に、値下げにより収益が減少してしまう分を、計上し、分析をすすめていきます。

（解法1）総額法

	注文を引き受ける場合	注文を断る場合	差　額
収　益			
既存販売分	@570円×4,500個＝2,565,000円	@600円×4,500個＝2,700,000円	△135,000円
新規注文分	@400円×　900個＝　360,000円	――――	360,000円
収益合計	2,925,000円	2,700,000円	225,000円
変 動 費			
製 造 原 価	@290円×5,400個＝1,566,000円	@290円×4,500個＝1,305,000円	261,000円
販　売　費			
既存販売分	@40円×4,500個＝　180,000円	@40円×4,500個＝　180,000円	0円
新規販売分	@10円×　900個＝　　9,000円	――――	9,000円
固 定 費			
製 造 原 価	1,000,000円	1,000,000円	0円
一 般 管 理 費	100,000円	100,000円	0円
原価合計	2,855,000円	2,585,000円	270,000円
営業利益	70,000円	115,000円	△45,000円

CASE 4 ［問2］の業務的意思決定―総額法

　以上より、注文を引き受ける場合の営業利益が70,000円、断った場合の営業利益が115,000円となり、注文を断る場合の

営業利益のほうが45,000円大きいので、この注文は断るほうが有利であると判断されます。

解法 2 差額法

Ⅰ．差額収益

新規注文分売上高　@400円 ×　900個 ＝　360,000円

既存売上高減少分　△@　30円 × 4,500個 ＝△135,000円　225,000円

Ⅱ．差額原価

変 動 製 造 原 価　@290円 ×　900個 ＝　261,000円

変 動 販 売 費　@　10円 ×　900個 ＝　　9,000円　270,000円

Ⅲ．差額利益　△45,000円

CASE 4 ［問2］の業務的意思決定―差額法

以上より、注文を引き受けた場合、差額損失が45,000円生じるので、この注文は断るほうが有利であると判断されます。

● 優劣分岐点分析

既存販売分の単価を600円で意思決定計算すると、注文を引き受けるほうが有利と判断され、既存販売分の単価を570円で意思決定計算すると、断るほうが有利と判断されました。

そこで、［問3］ではこの注文を引き受ける案と断る案の判断が入れ替わる既存販売分の単価がいくらなのかを分析していきます。この分析を**優劣分岐点分析**といいます。

ここで、既存販売価格の値下額をP円として、差額法による分析をすると以下のようになります。

Ⅰ．差額収益

新 規 注 文 売 上 高　@400円 ×　900個 ＝　360,000円

既存売上高減少分　△@　P円 × 4,500個 ＝△4,500 P円　360,000円 − 4,500 P円

Ⅱ．差額原価

変 動 製 造 原 価　@290円 ×　900個 ＝　261,000円

変 動 販 売 費　@　10円 ×　900個 ＝　　9,000円　270,000円

Ⅲ．差額利益　90,000円 − 4,500 P円

注文を引き受けることにより損をしないためには、差額利益が0円以上であればよいことから値下額は以下のようになります。

$$90{,}000 \text{円} - 4{,}500\,\text{P} \text{円} \geqq 0 \text{円}$$
$$90{,}000 \text{円} \geqq 4{,}500\,\text{P} \text{円}$$
$$20 \text{円} \geqq \text{P}$$

CASE 4［問3］の業務的意思決定

以上より、値下額が20円までなら注文を引き受けても損をしないことになるので、販売単価の引き下げは600円／個－20円／個＝580円／個までならば引き受けてもよいということになります。

この優劣分岐点分析には、他にも［問1］で計算した差額利益90,000円をすべて既存の顧客の値引にあてると考えて解く方法もあります。

［問1］より、新規注文を引き受けると差額利益90,000円が得られるので、この利益を既存販売分4,500個の値引にあてると考えると、製品1個あたりの値引の上限は次のようになります。

・90,000円÷4,500個＝20円／個

よって、20円までの値引であれば新規注文を引き受けても損をしないことになるので、販売価格の下限は次のようになります。

・600円／個－20円／個＝580円／個

以上より、既存の4,500個に対する販売単価を引き下げる場合、580円／個までならば新規注文を引き受けても損をしないことになります。

〈1級の出題ポイント〉
業務的意思決定

業務的意思決定の問題では、前提条件に追加条件が加えられ、問題が［問1］［問2］［問3］と展開していきます。
そのため［問1］の解答を誤ると、以下誤った［問1］を前提として他の問題を解答しなければならないので、［問2］以降も当然間違えてしまいます。
ですから［問1］は、時間がかかっても、正確に問題文から資料を拾い出して計算するように心がけましょう。

⇔ 問題編 ⇔
問題1、2

内製か購入かの意思決定

今まで外から買っていた部品、埼玉工場で作ってみようかな。

ゴエモン㈱では時計付写真立てを製造販売しています。

これまで外部の企業から時計部品と飾り部品を購入していましたが、機械時間に遊休が生じたので自社の埼玉工場で作ることを検討中です。どちらが安くできるのか差額原価収益分析で意思決定を行うことになりました。

例 次の資料にもとづいて、各問に答えなさい。

[資 料]

1. 時計付写真立て製造部門では写真立て本体を製造しており、写真立て1個を製造するのに要する製造原価は次のように予定されている。

直接材料費	4,000円
直接労務費　500円/時×4時間=	2,000円
製造間接費　300円/時×4時間=	1,200円
計	7,200円

2. 製造間接費変動予算は次のとおりである。
   - ①変動費率　　　　　　　　125円/時
   - ②年間固定製造間接費予算　3,500,000円
   - ③年間正常機械稼働時間　　20,000時間

3. さて、次年度の予算編成において、時計付写真立て製造部門で年間200機械稼働時間の遊休が生じることが見込まれた。そこでこの遊休時間を利用して現在外部企業から購入している時計を内製すべきかどうか問題となった。

4．時計の年間必要量は100個であり1個の製造には2直接作業時間および2機械稼働時間を必要とする。現在労働力には余裕がないので、時計を内製する場合には臨時工（350円/時）を雇って時計の内製にあてる。また、時計の直接材料費は1個あたり2,200円と見積られる。

5．従来どおり外部購入する場合には、時計は1個あたり3,250円で購入できる見込みである。

[問1] 上記の資料にもとづき、時計は内製と購入のどちらが有利であるかを判断しなさい。

[問2] 次の条件を追加する。

6．時計の内製には特殊機械が必要であり、その年間賃借料は9,000円である。このとき時計の年間必要量が何個以上であれば内製（または購入）が有利となるか判断しなさい。

[問3] さらに次の条件を追加する。

7．時計を購入する場合には200時間の遊休時間について、同じく外部企業より購入している写真立ての飾り部品の内製にあてることを検討する。

8．飾り部品を内製する場合にも労働力は臨時工（280円/時）を雇うことにする。

9．飾り部品の市価は1個の写真立てにつき1セット1,820円である。

10．飾り部品の必要量は年間100セットであり、内製する場合の見積変動製造原価は次のとおりである。

	1セットあたり
直接材料費	750円
直接労務費　280円/時×2時間＝	560円
変動製造間接費　125円/時×2時間＝	250円
	1,560円

この場合、飾り部品は内製、購入のどちらが有利であるか判断しなさい。

● 内製か購入かの意思決定

　企業が自社の製品に取り付ける部品を調達するとき、自社で作るか、外部から購入するかの2つの方法が考えられます。

　企業の所有する生産能力に遊休が生じている場合、従来は外部から購入していた必要部品を、遊休生産能力を利用して自社で作るべきか、あるいは従来どおり外部企業より購入すべきかのいずれかを選ぶ問題を**内製か購入かの意思決定**といいます。

　この意思決定に際しては内製したときと購入したときの部品の原価を計算して、いずれか安くすむほうを選びます。問題は、それぞれの場合の原価をどのように計算するかという点にあります。

> 部品をどのように調達するかの判断であるから収益は関係しません。

クロキチ商店

外部から購入　　　　自社で作る

内製・購入それぞれの原価を計算して比較しよう！

　内製か購入かの意思決定は遊休生産能力の利用に関する問題であるため、まずはじめに、意思決定の計算対象となる部品の数量を確認します。

CASE 5 [問1] の内製可能量

・200時間 ÷ 2時間／個 = 100個
　<u>遊休生産能力</u>

　したがって、遊休時間200時間を使って時計の必要量100個をすべて内製しようと思えばできることになります。

〈1級の出題ポイント〉
内製・購入の意思決定

CASE 5では遊休時間が200時間あり、時計の必要量100個はすべて内製可能ですが、たとえば遊休時間が150時間しかなければ

150時間 ÷ 2時間／個 = 75個
<u>遊休生産能力</u>　　　　　<u>内製可能量</u>

となり75個しか内製できないので、残り25個については内製案を選択しても購入せざるをえないことになります。したがって、この場合には25個の購入原価は無関連原価となり、内製75個分の原価と購入75個分の原価を比較することになります。

　時計100個はすべて内製可能と判断できれば、次に、時計100個を内製することで追加的に発生する原価と、外部から100個購入することで追加的に発生する原価を比較し、どちらのほうが原価が低くなるかで意思決定を行うことになります。

〈1級の出題ポイント〉
内製・購入の意思決定

内製か購入かの意思決定は遊休生産能力の有効利用の問題であり、所有する既存の生産能力を利用するかぎり、固定製造間接費の発生額は変化しません。したがって、固定製造間接費はこの意思決定においては無関連原価（埋没原価）となることに注意してください。よってCASE 5において関連原価となるものは、時計100個分の変動製造原価と100個分の購入原価となります。

	時計100個を内製する案	時計100個を購入する案	差　額
変動製造原価			
直 接 材 料 費	220,000円[*1]	——	220,000円
直 接 労 務 費	70,000円[*2]	——	70,000円
変動製造間接費	25,000円[*3]	——	25,000円
購 入 原 価	——	325,000円[*4]	（325,000円）
	315,000円	325,000円	（　10,000円）

* 1　2,200円/個 × 100個 = 220,000円

* 2　350円/時 × 2時間 × 100個 = 70,000円
　　　臨時工の賃率

* 3　125円/時 × 2時間 × 100個 = 25,000円
　　　製造間接費
　　　（変動費率）

* 4　3,250円/個 × 100個 = 325,000円

CASE 5 ［問1］の業務的意思決定

　以上より、時計を内製するほうが外部から購入するより
10,000円だけ原価が低く有利であると判断されます。

● 特殊機械の賃借料の取扱い

　時計を内製する場合には特殊機械が必要であり、その年間の
賃借料9,000円は固定製造間接費です。

　外注する場合には発生しない原価なので、内製する案の関連
原価となります。

　したがって［問2］においては、変動製造原価と機械賃借料
を合計した内製原価と、購入原価を比較して意思決定すること
になります。

　なお、本問は優劣分岐点を計算する問題であり、次のように
計算していきます。

CASE 5 ［問2］の関連原価発生額

　追加条件である機械賃借料をふまえたうえで、時計の年間必要量をX個としたときの関連原価発生額は次のようになります。

	時計を内製する案	時計を購入する案
変動製造原価		
直接材料費	@2,200円×X個	
直接労務費	@　700円×X個	
変動製造間接費	@　250円×X個	
機械賃借料	9,000円	
購入原価		@3,250円×X個
	3,150 X + 9,000円	3,250 X円

　そこで「内製案の関連原価 ＜ 購入案の関連原価」となるXの範囲を求めて解答します。

CASE 5 ［問2］の内製のほうが有利となる年間必要量

$$3,150 X + 9,000 < 3,250 X$$
$$9,000 < 100 X$$
$$\therefore 90 < X$$

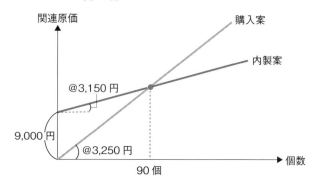

CASE 5 ［問2］の業務的意思決定

　以上より、時計の年間必要量が91個以上であれば、内製案の関連原価が低くなり、有利であると判断されます。

〈1級の出題ポイント〉
内製案と購入案の優劣分岐点の表示

CASE 5［問2］では「91個以上であれば」と解答しましたが、問題の問われ方によって数値が異なる場合があるので注意してください。

たとえば、優劣分岐点が90個であるときの解答要求には次のパターンがあります。

① 時計の年間必要量が（　　　）個以上であれば $\left\{\begin{array}{l}内製\\購入\end{array}\right\}$ が有利である。

② 時計の年間必要量が（　　　）個より多ければ $\left\{\begin{array}{l}内製\\購入\end{array}\right\}$ が有利である。

まず、①のように「○○個以上」という場合には○○の数値も含まれてしまうため、優劣を示すための解答は「91個以上」となります。

次に、②のように「○○個より多ければ」という場合には○○の数値は含まれないため、優劣を示すための解答は「90個より多ければ」となります。

● 他の部品の内製か購入かの意思決定（代替案の組み合わせ）

　仮に時計を購入するとした場合、遊休生産能力は200時間のままとなるので、遊休時間200時間をほかの用途に振り分けることが可能となります。そこで、いままで外部から購入していた時計付写真立ての飾り部品を内製するかどうかの検討をします。

　［問3］においても、［問1］で学習したように、まず意思決定の計算対象となる飾り部品の内製可能量を確認します。

CASE 5 ［問3］の内製可能量

・200時間 ÷ 2時間/セット = 100セット
　遊休生産能力

　したがって、飾り部品必要量100セットすべてが内製可能となります。

　ここで注意すべきは、当社の遊休時間は200時間と限られており、いずれか一方の部品を内製すれば他方は購入するしかな

いという点です。

　したがって、［問3］は遊休時間200時間に関する最適な用途を決定するための代替案の選択問題といえます。

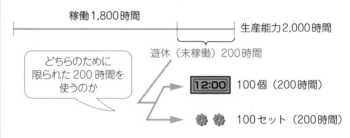

代替案A：時計100個を内製し、飾り部品100セットを購入する案
代替案B：飾り部品100セットを内製し、時計100個を購入する案

　どちらの案の関連原価が低いかで意思決定を行うことになります。

CASE 5 ［問3］の関連原価の差額

	時計100個を内製し 飾り部品100セットを購入する案	飾り部品100セットを内製し 時計100個を購入する案	差　額
変動製造原価			
直 接 材 料 費	220,000円[*1]	75,000円[*5]	145,000円
直 接 労 務 費	70,000円[*2]	56,000円[*6]	14,000円
変動製造間接費	25,000円[*3]	25,000円[*7]	0円
特殊機械賃借料	9,000円	――――	9,000円
購 入 原 価	182,000円[*4]	325,000円[*8]	（143,000円）
合　　　計	506,000円	481,000円	25,000円

＊1　2,200円/個×100個＝220,000円

＊2　350円/時×2時間×100個＝70,000円

＊3　125円/時×2時間×100個＝25,000円

＊4　1,820円/セット×100セット＝182,000円

＊5　750円/セット×100セット＝75,000円

＊6　280円/時×2時間×100セット＝56,000円

＊7　125円/時×2時間×100セット＝25,000円

＊8　3,250円/個×100個＝325,000円

　以上より、時計100個を購入し、飾り部品100セットを内製する案のほうが、時計100個を内製し、飾り部品100セットを購入する案より関連原価が25,000円低く有利であると判断されます。

⇔ 問題編 ⇔
問題 3、4

追加加工の要否の意思決定

どちらで販売したほうが、多くの利益をあげられるのかな？

木綿豆腐

豆乳 1000ml
豆乳 → 湯葉

ゴエモン㈱では大豆から豆腐と豆乳を生産・販売しています。

現在、豆乳に追加加工をして、湯葉として販売する案を検討中です。

そこで、どちらで販売するのがゴエモン㈱にとって有利なのか、差額原価収益分析により意思決定することになりました。

例 ゴエモン㈱では連産品である製品A、Bを生産・販売している。次の資料にもとづいて、追加加工をすべきか否かを判断しなさい。

［資 料］

1．予算原案は次のとおりである。

予 定 損 益 計 算 書

売 上 高
　製品A：＠100円 × 1,000丁 ＝ 100,000円
　製品B：＠80円 × 500ℓ ＝ 40,000円　　140,000円
売 上 原 価
　連結原価　　　　　　　　　　　　　　　100,000円
売上総利益　　　　　　　　　　　　　　　 40,000円

2．予算編成会議において製品Bを追加加工して製品Cとする案が提案された。この追加加工には20,000円の追加加工費が必要であり、製品Cは500枚生産、販売され、1枚あたり110円で販売できると予想される。

追加加工の要否の意思決定

(1) 追加加工の要否の意思決定とは

追加加工の要否の意思決定とは、ある段階までできあがった製品をそのままの状態で販売するか、さらに加工を行ってより付加価値の高い製品として販売するかの意思決定をいいます。

(2) 追加加工の判断基準

一般には、追加加工を行うことによって、製品の価値は高まり、より高い価格で販売することができるようになります。ただし、追加加工にはコストがかかります。したがって追加加工の要否の意思決定では、追加加工を行うことによる収益の増加（差額収益）と追加加工に要するコスト（差額原価）とを比較して、追加加工によって生じる差額利益を算定します。

(3) 追加加工と連産品

なお、追加加工の要否の意思決定は、特にテキストⅡで学習した連産品を生産するときに問題になります。連産品について、分離点における状態で販売するか、追加加工をほどこすかを検討していくことになります。この場合、連結原価はこの意思決定計算において無関連な原価になることに注意してください。なぜなら、追加加工をするしないにかかわらず、連結原価は同額発生するからです。

以上をふまえて、CASE 6 の意思決定についてみていきましょう。

CASE 6において、製品Bの追加加工により発生額が変化する収益・原価は、製品Bの追加加工に関連して発生する項目だけであり、追加加工をするしないにかかわらず連結原価と製品Aの売上高は変化しません。

したがって、発生額の変化しないこれらの収益や原価はこの意思決定計算上、無関連項目となります。

ゴエモン㈱では大豆から豆乳を生産・販売していますが、さらに加工を行って、湯葉として販売したほうが有利かどうかを判断します。

差額利益がプラスなら追加加工を行い、マイナスなら追加加工を行わずに販売すべきと考えます。

追加加工の要否の意思決定は、テキストⅡで学習した連産品の問題とあわせて出題されます。連産品の計算は覚えてるかな。

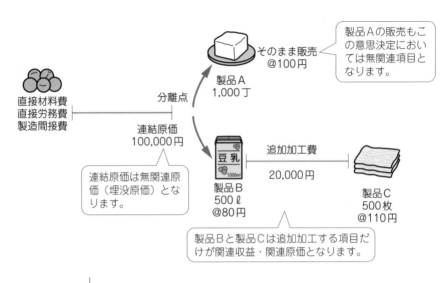

製品Aの販売もこの意思決定においては無関連項目となります。

直接材料費
直接労務費
製造間接費

分離点

連結原価
100,000円

製品A
1,000丁

そのまま販売
@100円

追加加工費
20,000円

製品B
500ℓ
@80円

製品C
500枚
@110円

連結原価は無関連原価（埋没原価）となります。

製品Bと製品Cは追加加工する項目だけが関連収益・関連原価となります。

以上をふまえて、(1)総額法と、(2)差額法により計算すると、次のようになります。

 総額法

	追加加工する	追加加工しない	差　額
売　上　高	A @100円 × 1,000丁 = 100,000円	A @100円 × 1,000丁 = 100,000円	0円
	C @110円 × 500枚 = 55,000円	B @80円 × 500ℓ = 40,000円	15,000円
売　上　原　価			
連　結　原　価	100,000円	100,000円	0円
追　加　加　工　費	20,000円	――	20,000円
売　上　総　利　益	35,000円	40,000円	△5,000円

解法2 差額法

Ⅰ. 差額収益

製品Cの売上高　　@110円×500枚＝　 55,000円

製品Bの売上高　△@80円×500ℓ＝△40,000円　 15,000円

Ⅱ. 差額原価

追加加工費　　　　　　　　　　　　　　　 20,000円

Ⅲ. 差額利益　　　　　　　　　　　　　　 △5,000円

CASE 6 の業務的意思決定

　上記の計算より、追加加工を行って製品Cとして販売すると差額損失が5,000円生じるので、追加加工は行うべきではないと判断されます。

⇔ **問題編** ⇔
問題5

セグメントの継続か廃止かの意思決定

写真立て事業部は赤字だから廃止して、木彫りの熊部門とうさぎのぬいぐるみ部門の2つに絞って生産・販売したほうがいいのかなぁ。

ゴエモン㈱では木彫りの熊の置物、写真立て、うさぎのぬいぐるみを生産販売しています。

当期の決算にあたり、部門別に損益計算を行ったところ、写真立て部門が赤字となってしまったので、写真立て部門を廃止すべきかどうか検討中です。そこで差額原価収益分析で意思決定を行うことになりました。

> **例** ゴエモン㈱は製品A、B、Cの生産・販売を行っている。直接原価計算により当期の損益計算を実施したところ、次のような結果となり、赤字となった製品Bの生産販売を廃止すべきかどうかが検討されている。次の資料にもとづいて、製品Bの生産・販売を廃止すべきか否かを判断しなさい。

[資 料]

損 益 計 算 書

	製品A	製品B	製品C	合 計
売 上 高	5,000,000円	2,000,000円	3,000,000円	10,000,000円
変 動 費	2,000,000円	1,200,000円	1,000,000円	4,200,000円
貢 献 利 益	3,000,000円	800,000円	2,000,000円	5,800,000円
固 定 費				
給 料	1,230,000円	320,000円	600,000円	2,150,000円
広告宣伝費	40,000円	260,000円	300,000円	600,000円
減価償却費	45,000円	90,000円	90,000円	225,000円
保 険 料	80,000円	20,000円	20,000円	120,000円
一般管理費	965,000円	430,000円	510,000円	1,905,000円
営業利益(損失)	640,000円	△320,000円	480,000円	800,000円

> 固定費のうち広告宣伝費と保険料は個別固定費であり、製品Bの廃止により、製品Bについて生じる個別固定費は回避できる。その他の固定費は全体として共通に発生するもので、セグメント別の金額は適切な配賦基準による配賦額を示すにすぎない。

● セグメントの継続か廃止かの意思決定

(1) セグメントの継続か廃止かの意思決定とは

セグメントの継続か廃止かの意思決定とは、既存のセグメントに損失が生じている場合に、そのセグメントを廃止するべきかあるいは存続させるべきかについて判断する意思決定をいいます。

(2) 継続・廃止の判断基準

この意思決定における継続か廃止かの判断は、共通固定費配賦後の営業利益ではなく、そのセグメント固有の利益であるセグメントマージン（個別固定費がない場合には貢献利益）がプラスになるかマイナスになるかにより、行うことになります。

> なぜなら共通固定費は、セグメントの継続または廃止にかかわらず企業全体で一定額が発生しますので、この意思決定計算では無関連原価となるからです。

以上をふまえて、CASE 7の意思決定についてみていきましょう。

セグメントの継続か廃止かの意思決定計算では、まず固定費を細分化した直接原価計算方式のセグメント別損益計算書を作成します。

製品品種別損益計算書

	製品A	製品B	製品C	合　計
売　上　高	5,000,000円	2,000,000円	3,000,000円	10,000,000円
変　動　費	2,000,000円	1,200,000円	1,000,000円	4,200,000円
貢　献　利　益	3,000,000円	800,000円	2,000,000円	5,800,000円
個別固定費	120,000円	280,000円	320,000円	720,000円
製品貢献利益	2,880,000円	520,000円	1,680,000円	5,080,000円
共通固定費				4,280,000円
営　業　利　益				800,000円

個別固定費である広告宣伝費と保険料の合計額です。

CASE 7の業務的意思決定

　上記の損益計算書より、製品Bは520,000円のセグメントマージン（製品貢献利益）を獲得しており、同額だけ企業全体の営業利益の獲得に役立っているため、製品Bの生産販売は継続したほうが有利と判断されます。

　なお、差額法による分析を示すと次のようになります。

継続案＝A＋B＋C
廃止案＝A＋C
ですから、製品Bの生産・販売に伴う収益・費用が関連収益、関連原価となります。

Ⅰ．	差額収益		
	製品B売上高		2,000,000円
Ⅱ．	差額原価		
	製品B変動費	1,200,000円	
	製品B広告宣伝費	260,000円	
	製品B保険料	20,000円	1,480,000円
Ⅲ．	差額利益		520,000円

⇔ 問題編 ⇔
問題6

CASE 8

業務的意思決定の総合問題

経済的発注量の計算

発注費と保管費の両者の関係を調べて、効率的に材料を発注していこう。

材料倉庫

保管費

発注費

ゴエモン㈱では、材料の購入から消費までにかかる費用が多く発生していることが判明しました。

そこで、材料の購入から消費までにかかる費用を削減するための効率化を検討中です。

この事案について、差額原価収益分析により意思決定することになりました。

例 次のデータの中から適切なものを選び、年間の発注費と保管費の合計額が最も少なくなる1回あたりの発注量を求めなさい。

(1) 年間の材料予定総消費量・・・・・・・・・・・・・・・・1,000kg
(2) 材料1kgあたりの購入原価・・・・・・・・・・・・・・ 800円
(3) 材料発注1回あたりの通信費・・・・・・・・・・・・1,360円
(4) 材料発注1回あたりの事務用消耗品費・・・・4,400円
(5) 材料倉庫の年間減価償却費・・・・・・・・・・・600,000円
(6) 材料倉庫の電灯料の基本料金年額・・・・・・300,000円
(7) 材料1kgあたりの年間火災保険料・・・・・・・・ 120円
(8) 材料1kgあたりの年間保管費には購入原価の10%を資本コストとして計上する。

経済的発注量の計算とは

　材料を購入してから消費するまでに発生する付随費用には、材料の発注に関する費用（**発注費**）と材料の保管に関する費用（**保管費**）があります。

　1年間に消費する材料を必要に応じて購入すると、材料の保

> 発注費と保管費の合計額を在庫品関連費用といいます。

管費は安くすみますが、そのつど発注するために発注費は高くなります。反対に、1年間に消費する材料をすべて一度に購入すれば、発注費は1回分ですむため安くすみますが、保管費が高くなってしまいます。

これらの関係をふまえて、在庫品関連費用をなるべく低くおさえるためには、年間材料必要量を何回に分けて発注するのがよいかについて判断を行う必要が生じます。このような意思決定を**経済的発注量の計算**といいます。

	1回あたりの発注量が 少ない場合	1回あたりの発注量が 多い場合
発注費	高くつく	安くすむ
保管費	安くすむ	高くつく

この発注費と保管費の相反する性格（このような関係をトレード・オフ関係といいます）を考慮し、在庫品関連費用が最も安くすむ発注量を求めていきます。

● 発注費

発注費とは、郵便料金やコピー・FAX用紙などの事務用消耗品など、材料の発注1回あたりに要する費用をいいます。

1回あたりの発注量が多くなればなるほど安くすむので、1回あたりの発注量と発注費の関係をグラフで示すと次のようになります。

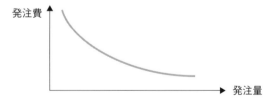

保管費

　保管費とは、火災保険料や在庫品に対する資本コストなど、材料の保管１単位あたりに要する費用をいいます。

CASE 8 の資料(8)です。

在庫品に対する資本コスト

　在庫材料に投じている資金（材料購入原価）は、その使途が拘束されています（在庫として保有しているため）。そのため、その資金をほかの用途に振り向けたならば得られたはずの利益は断念せざるをえません。
　投下資金の最低所要利益率は資本コスト率で示されるため、在庫品に対する投下資金から得られたはずの利益を資本コスト率を用いて計算し、これを機会原価として材料の保管費に計上します。

　１回あたりの発注量が多くなれば、在庫しておく材料が多くなり、保管費も高くなってしまうので、１回あたりの発注量と保管費の関係を示すと次のようになります。

● 経済的発注量の計算

　発注費と保管費の合計額である在庫品関連費用を最小にする
1回あたりの発注量が**経済的発注量**であり、次のように計算し
ます。

Step 1　発注費の計算

$$発注費＝@発注費／回×発注回数$$

　また、求めたい1回あたりの発注量を L kg とおくと、次の
ようになります。

$$発注費＝@発注費／回×\frac{材料必要量}{L}$$

Step 2　保管費の計算

変動する在庫量を
毎日実査していく
というのは現実的
ではないため、平
均在庫量を用いま
す。

　保管費は、次のように平均在庫量をつかって計算していきま
す。

$$保管費＝@保管費／kg×平均在庫量$$

　また、求めたい1回あたりの発注量を L kg とおくと、次の
ようになります。

$$保管費＝@保管費／kg×\frac{L}{2}$$

　ここでなぜ $\frac{L}{2}$ が平均在庫量となるのかというと、材料は購
入後すぐ消費されるものから、次の発注の直前に消費されるも
のまでさまざまです。材料を購入後、次回の購入までに倉庫に
残っている在庫量を平均すると、次のグラフで示すように1回
あたりの発注量（L）の約半分になりますので、1回あたりの
発注量を2で割って平均在庫量とします。

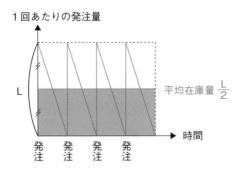

Step 3 経済的発注量の計算

ここで、先に示した発注費と保管費のグラフを1つにまとめると次のようになります。

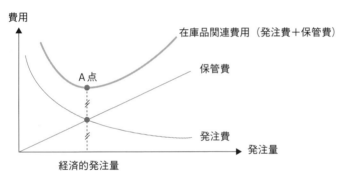

グラフ上より在庫品関連費用が最も低いA点の発注量が、経済的発注量となります。つまり、発注費と保管費のグラフ上の交点が経済的発注量となるので、Step 1、Step 2で求めた発注費と保管費をイコールで結んで求めることになります。

交点では発注費と保管費が同額になります。

経済的発注量:「発注費」=「保管費」

経済的発注量を計算する際に考慮する在庫品関連費用は、1回あたりの発注量が増減したときに発生額が変化する発注費と保管費だけです。

1回あたりの発注量とは関係なく一定額が発生する減価償却費や電気代の基本料金は、この意思決定計算において無関連原価となることに注意してください。

また、材料の購入原価自体も、その単位あたりの購入原価が発注量にともなって影響を受けないため、無関連原価となります。

以上より、CASE 8の経済的発注量を求めると次のようになります。

CASE 8の経済的発注量

資料より「発注1回あたり〜」とあるものを集計します。

Step 1 発注費の計算

発注1回あたりの発注費は、(3)発注1回あたりの通信費1,360円と、(4)発注1回あたりの事務用消耗品費4,400円の合計で、5,760円となります。

したがって、経済的発注量をL kgとおくと、発注費は次のようになります。

・発注費 $= 5,760$ 円 $/$ 回 $\times \dfrac{1,000\text{kg}}{\text{L kg}}$

Step 2 保管費の計算

資料より「材料1kgあたり〜」とあるものを集計します。

材料1kgあたりの保管費は、(7)材料1kgあたりの年間火災保険料120円と、(8)購入原価の10%の資本コストとして計上する80円（800円×10%）の合計で、200円となります。

したがって、経済的発注量をL kgとおくと、保管費は次のようになります。

・保管費：200 円 $/$ kg $\times \dfrac{\text{L kg}}{2}$

経済的発注量の計算

Step 1、Step 2で求めた発注費、保管費をイコールで結んでLを解いていきます。

$$5,760 \text{円}/\text{回} \times \frac{1,000 \text{kg}}{L \text{ kg}} = 200 \text{円}/\text{kg} \times \frac{L \text{ kg}}{2}$$

$$\frac{5,760,000 \text{円}}{L \text{ kg}} = 100 \text{円} \times L \text{ kg}$$

$$5,760,000 \text{円} = 100 \, L^2 \text{kg}$$

$$57,600 \text{円} = L^2 \text{kg}$$

$$\therefore L = 240 \text{kg}$$

ここで電卓の $\sqrt{}$ ボタンを押して、Lの値を求めます。

以上より、経済的発注量は240kgと求められます。

CASE 9 業務的意思決定の総合問題

経済的発注量の計算
～発注量によって値引のある場合

材料の仕入先から「1度に多くの材料を注文すると値引します」との連絡がありました。

この場合、CASE 8で計算した経済的発注量はどのような影響を受けるのでしょうか。

ここでは値引を考慮した場合の経済的発注量についてみていきましょう。

例 CASE 8に次の条件を追加し、各問に答えなさい。

材料の1回あたりの発注量が多いと、年間必要量1,000kgについて売手から次の値引が受けられる。

〈1回あたりの発注量〉　〈購入原価800円に対する値引率〉
    0 kg～249kgまで　　　　なし
    250kg～499kgまで　　　　1 %
    500kg以上　　　　　　　　2 %

[問1] CASE 8で計算した経済的発注量240kgで発注した場合、値引が受けられないことによる年間の機会損失はいくらになるか求めなさい。

[問2] 追加条件を考慮した場合、1回に何kgずつ発注するのが最も有利かを求めなさい。

機会損失とは

機会損失とは、最善でない案をあえて選択することにより失う利益額をいいます。

たとえば、ここにA、B2つの投資案があります。

	A 案	B 案
収 益	1,000円	1,500円
原 価	400円	1,000円
利 益	600円	500円

明らかにA案のほうが100円有利と判断がつきますが、これは次の2つのパターンにより計算することができます。

(1) 有利なA案を選択した場合の差額利益の計算

A案を選択した場合

収 益	1,000	
原 価		
A案の原価	400	
機 会 原 価	**500**	A案を選択した場合には、B案の利益が犠牲になっています。
差額利益	100	

(2) あえて不利なB案を選択した場合の差額利益の計算

B案を選択した場合

収 益	1,500	
原 価		
B案の原価	1,000	
機 会 原 価	**600**	B案を選択した場合には、A案の利益が犠牲になっています。
差額損失	△100	**（機会損失）**

500円の利益しか得られないB案をあえて選択すると、A案から得られたはずの600円の利益を断念しなければなりません。この選択により被る100円の損失を機会損失といいます。

CASE9では、最大の値引が得られる500kg以上の発注量をあえて選択せず、低い値引率や値引がない場合に失うことになる値引額が機会損失となります。

ここで、最大の値引額は次のようになります。

・1,000kg × 800円 × 2% = 16,000円

これに対して、値引がない場合と1%の値引率の場合の機会損失を求めると次のようになります。

CASE 9 ［問 1］の機会損失

1回あたりの発注量	得られる値引額	機会損失
0 kg〜249kg	0円 ⇒	16,000円
250kg〜499kg	@800円×1,000kg×1％ = 8,000円 ⇒	8,000円
500kg以上	@800円×1,000kg×2％ = 16,000円 ⇒	0円

　したがって、CASE 8で計算した240kgで発注する場合には、16,000円の機会損失が生じることになります。

● 値引を考慮した場合の経済的発注量の計算

　1回あたりの発注量によって値引率が異なるということは、それによって購入原価も変化し、これが在庫品に関する資本コスト（保管費）に影響を及ぼします。

　CASE 9［問 2］では、これを考慮にいれて、値引率の異なる3つのケースを比較し、もっとも有利な発注単位を求める必要があります。

　ここで注意しなければならないのは、各発注単位にはそれぞれ範囲があるということです。

　たとえば、250kg単位で発注しても、300kg単位で発注しても、値引率は同じ1％となります。

　CASE 9の値引条件（1％または2％）がある場合、250kg以上の発注は、発注単位が大きくなればなるほど在庫品関連費用（発注費＋保管費）は増加していくため、次の3点を選択して比較していくことになります。

・0 kg〜249kgで発注する場合
　　　　⇒240kgで発注したときが在庫品関連費用が最低
・250kg〜499kgで発注する場合
　　　　⇒250kgで発注したときが在庫品関連費用が最低
・500kg以上で発注する場合
　　　　⇒500kgで発注したときが在庫品関連費用が最低

この範囲内でもっとも在庫品関連費用（発注費＋保管費）が低くなる発注量を選択する必要があります。

詳細は次の　　で説明します。

各値引率で比較すべき発注量の選択について

　それぞれの値引率において、240kg、250kg、500kgの在庫品関連費用が最低となる根拠について、もう少しくわしくみていきましょう。

　CASE 9 ［問 2 ］において、それぞれの値引率での在庫品関連費用の推移を確認してみると次のようになります。

(1)　**0 kg〜249kgで発生する場合（＝値引なし）**
　　経済的発注量 = 240kg（CASE 8 で計算ずみ）

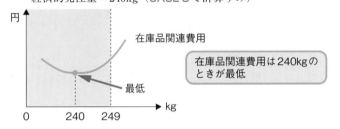

在庫品関連費用

在庫品関連費用は240kgのときが最低

(2)　**250kg〜499kgで発注する場合（＝値引 1 ％）**
　　計算上の経済的発注量は次のようになります。

$$5{,}760 \text{円} \times \frac{1{,}000\text{kg}}{\text{L kg}} = (120\text{円} + \underbrace{800\text{円} \times 99\% \times 10\%}) \times \frac{\text{L kg}}{2}$$

購入原価@ 792円

$$\therefore \text{L} = 240.48\cdots\text{kg}$$

値引条件である250kg〜499kgの範囲に入っていないので、実際の経済的発注量をグラフから求めます。

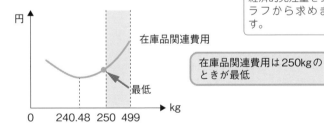

在庫品関連費用

在庫品関連費用は250kgのときが最低

(3) **500kg以上で発注する場合（＝値引２％）**

計算上の経済的発注量は次のようになります。

$$5,760円 \times \frac{1,000kg}{L\ kg} = (120円 + \underbrace{800円 \times 98\% \times 10\%}_{購入原価@784円}) \times \frac{L\ kg}{2}$$

$$\therefore L = 240.96\cdots kg$$

> 値引条件である500kg以上の範囲に入っていないので、実際の経済的発注量をグラフから求めます。

在庫品関連費用

最低

> 在庫品関連費用は500kgのときが最低

以上より、240kg、250kg、500kgの３点で原価を比較すればよいことになります。

なお、値引を考慮した場合の意思決定においては［問１］で計算した値引が受けられないことによる機会損失も各代替案の差額原価として考慮しなければならないことに注意してください。

それでは、経済的発注量の可能性がある240kg、250kg、500kgについて実際に在庫品関連費用を計算し、機会損失を加味して経済的発注量を求めていきましょう。

発注量	発注費	保管費	機会損失	合計
・240kg	$5,760円 \times \dfrac{1,000kg}{240kg}$ $= 24,000円$	$200円 \times \dfrac{240kg}{2}$ $= 24,000円$	$16,000円$	$64,000円$
・250kg	$5,760円 \times \dfrac{1,000kg}{250kg}$ $= 23,040円$	$199.2円^{*1} \times \dfrac{250kg}{2}$ $= 24,900円$	$8,000円$	$55,940円$
・500kg	$5,760円 \times \dfrac{1,000kg}{500kg}$ $= 11,520円$	$198.4円^{*2} \times \dfrac{500kg}{2}$ $= 49,600円$	$0円$	$61,120円$

* 1 　材料 1 kgあたりの保管費：120円 + $\underbrace{(800円 \times 99\%) \times 10\%}_{資本コスト}$ = 199.2円

* 2 　材料 1 kgあたりの保管費：120円 + $\underbrace{(800円 \times 98\%) \times 10\%}_{資本コスト}$ = 198.4円

　以上より、値引を考慮に入れた場合、1 回あたり250kgで発注するのがもっとも原価が低く、有利と判断されます。

⇔ 問題編 ⇔
問題7

価格決定

いくらで販売
しようかな？

くるま型の小物入れ ← 完成

ゴエモン㈱
鈴鹿工場

ゴエモン㈱では、主力製品の販売価格を設定することになりました。
顧客のニーズ、競合他社の販売価格、目標利益の達成など、何を優先して販売価格を決定すればよいのでしょうか。

例 次の資料にもとづいて、翌年度のゴエモン㈱の目標価格を求めなさい。

〔資 料〕
1．1個あたりの製造原価は次のとおりである。
　　直接材料費500円　加工費300円
2．材料の高騰によって翌年度の直接材料費は700円となる予定である。
3．翌年度の目標マーク・アップ率が40％に設定された。

● 価格決定の方法

　経営意思決定のための販売価格の決定方法は、いくつか存在しますが、ここでは代表的な3つの方法をみていきます。

(1) マーケット・イン（マーケット・ベース）

　マーケット・インとは、「この製品は、いくらなら買ってもらえるか？」という顧客（市場）の視点をスタートとして、製品の価格を決定する方法です。

⑵ プロダクト・アウト（コスト・ベース）

プロダクト・アウトとは、企業（経営管理者）の視点をスタートとして、製品の価格を決定する方法です。これは、製品にかかる原価に利益分を上乗せして価格を決定します。

⑶ マーク・アップ率（付加利益率）

マーク・アップ率は、原価を1としたときに、原価に対する利益の割合を示すものです。

> マーク・アップ率＝利益÷原価

また、製造原価に目標マーク・アップ率を加算することによって、製品の目標価格を決定することができます。

> 目標価格＝製造原価×（1＋目標マーク・アップ率）

目標マーク・アップ率を使って、目標価格を求めると次のようになります。

CASE10の目標価格

翌年度の製造原価：700円＋300円＝1,000円

目標価格：1,000円×（1＋40%）＝1,400円
   製造原価　目標マーク・アップ率

第2章

設備投資の意思決定

・・・・・
・・・・・

生産・販売に使用する工場用地、建物、機械設備に対する投資は
どう考えたらいいんだろう。
工場用地、建物、機械設備には多額の投資が必要だけど
過剰な投資を行うと投資額の回収がむずかしくなるし…。
適切な投資ってむずかしいよなぁ。

それでは設備投資の意思決定に対して管理会計が
どのように役立つのか具体的に学習していきましょう。

この章で学習する項目

1. 設備投資の意思決定とは
2. 貨幣の時間価値
3. 設備投資の意思決定の評価モデル
4. タックス・シールド
5. 新規大規模投資の意思決定
6. 取替投資の意思決定
7. リースか購入かの意思決定
8. 耐用年数が異なる投資案の比較

1級
新
論点

設備投資の意思決定とは？

設備投資の意思決定は、これまで学習した業務的意思決定とどこが変わってくるんだろう。

ゴエモン㈱では新製品であるくるま型の小物入れの生産・販売を検討中です。このとき新たな工場を建設し、最新機械を導入するかどうか迷っています。このような製品の生産・販売に使用する固定資産の投資判断に関する問題にはどのような特徴があるのか具体的にみていきましょう。

● 業務的意思決定と構造的意思決定

第1章で学習した業務的意思決定は日常の業務を遂行するにあたっての意思決定でした。それに対して、第2章で学習するのは構造的意思決定です。まずはこの2つを比較してみましょう。

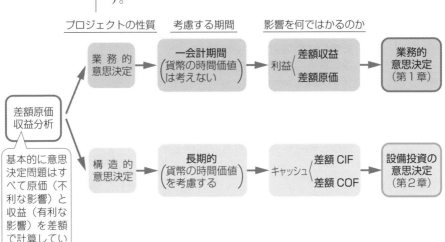

基本的に意思決定問題はすべて原価（不利な影響）と収益（有利な影響）を差額で計算していきます。

	プロジェクトの性質	考慮する期間	影響を何ではかるのか	
差額原価収益分析	業務的意思決定	一会計期間（貨幣の時間価値は考えない）	利益〈差額収益／差額原価〉	業務的意思決定（第1章）
	構造的意思決定	長期的（貨幣の時間価値を考慮する）	キャッシュ〈差額CIF／差額COF〉	設備投資の意思決定（第2章）

設備投資の意思決定とは

構造的意思決定とは、企業の業務構造自体に変更をもたらすような意思決定をいい、長期的視点に立って行われる点に特徴があります。企業の業務構造に関する計画は、中長期の経営計画の一環として策定されますが、このうち設備の新設、取替えなど生産・販売に使用される固定資産への投資に関するものを**設備投資の意思決定**といいます。

設備投資計画を実行するには、一度に多額の資金を必要とし、また、いったん実行してしまうと、数年間は計画の遂行に資金の用途が拘束されてしまいます。

そこで、立案された設備投資計画について、その計画全体での採算性をあらかじめ評価して、採用する価値があるかどうかを判断する必要があるのです。

> 構造的意思決定の中でも設備投資の意思決定が試験上重要なので、第2章では設備投資の意思決定について学習していきます。

> 安易に投資を実行すると、企業の命運を左右しかねない問題となってしまうこともあります。

採算はあうのかな？

くるま型の小物入れ

生産

ゴエモン㈱
鈴鹿工場

設備投資の意思決定の特徴

設備投資の意思決定には(1)〜(4)のような特徴があります。

(1) 全体損益計算

設備投資の意思決定では、その投資案の始点（取得）から終点（除却または売却）までの全期間（これを**経済的耐用年数**といいます）を計算対象とした全体損益計算を行います。

(2) キャッシュ・フロー

　全体損益計算のもとでは、収益総額＝現金収入額、費用総額＝現金支出額という関係が成立するため、設備投資の意思決定計算では収益と費用ではなく**現金の収支（現金流出入額）**により計算を行います。

> ### キャッシュ・フロー
>
> 現金収入額＝現金流入額（CIF：キャッシュ・イン・フロー）
> 現金支出額＝現金流出額（COF：キャッシュ・アウト・フロー）

(3) 貨幣の時間価値

　設備投資の意思決定では、その計算期間が長期間にわたるため、原則として**貨幣の時間価値**を考慮して計算を行います。

(4) 差額原価収益分析

　経営意思決定のための計算は基本的に**差額原価収益分析**により行います。そこで設備投資の意思決定計算では、将来発生すると予想される現金収支のうち、ある投資案を採用する場合と採用しない場合とを比較して、そこから生じる現金収支の差額（**差額キャッシュ・フロー**）によって意思決定を行います。

参考

「全体損益計算」と「期間損益計算」

　設備投資の計算は、その投資案の全期間（経済的耐用年数）での採算性を計算するのが目的です。

5年間生産・販売する	〈5年間のトータル〉
	総売上（総収入）　5億円
	総費用（総支出）　4億円
	利　益（純収入）　1億円

くるま型の小物入れ

このとき、期間損益を考えず5年間全体で考えると、この投資案のために要したコストは最終的にすべて現金で支出され、同じく売上高はすべて現金収入となるので、総売上＝総収入、総費用＝総支出となります。

　このような考え方を**全体損益計算**といい、全体損益計算では、収益や費用の概念ではなく、ダイレクトに現金の収支で考えればよいのです。

　たとえば、設備投資の計算では、次のような資料が問題でよく出されますが、これらは、それぞれの発生年度のキャッシュ・イン・フローとしてそのまま計上すればよいのです。

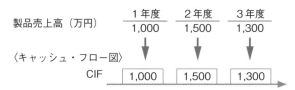

　これに対して、通常行われている財務会計の計算は、「継続企業」を前提としています。企業活動の最終的な成果は、企業を清算してみなければ判明しないため、継続企業では、期間を人為的に区切ることにより期間利益を算定しています。

　したがって、この場合には、収益や費用を「どの期間に帰属させるか？」が重要になります。

● 設備投資のプロセスと管理会計

　設備投資は一般に次のプロセスによって進められます。

Step 1　目的の明確化

　まず、設備投資によって達成しようとする目的をはっきりさせます。具体的には生産能力の拡張や省力化などがあげられます。

Step 2　設備投資案の探索

　次に目的にかなう設備投資案を作成します。たとえば「生産能力を拡張する」という目的ひとつをとっても、新工場を建設するのか、現在の工場を拡張するのか、機械設備としては何を備えるのか、機械設備は購入するのか、自製するのか、実にさ

まざまな選択肢があります。これらの点について検討し、いくつかの代替案にまとめあげます。

この設備投資案の評価と選択のことを設備投資の意思決定といいます。

Step 3 設備投資案の評価と選択

Step 2 で作成した各設備投資案についてさまざまな観点から評価してもっとも有利な案を選択します。

Step 4 資金調達

設備投資には巨額の資金が必要ですから、増資、社債、借入金などによって調達します。

Step 5 実 行

最後に、設備投資案を実行に移します。

以上の設備投資のプロセスのうち、もっとも重要でむずかしいのは Step 3 の設備投資案の評価と選択です。この意思決定は、ときに企業の死活問題となることがあります。うまくいけば長期にわたって好業績がもたらされますが、失敗したときの損失も大きくなるからです。

しかも、いったん投資がなされると簡単に変更することはできないので、投資時点で慎重に決定することが求められます。

そこで、設備投資案の評価と選択に必要な会計データを提供するのが管理会計の役割であり、試験上も Step 1 と Step 2 が問題で指定され、Step 3 を処理することになります。

CASE
12

設備投資の意思決定

貨幣の時間価値

貨幣の時間価値と割引計算って、確か商業簿記・会計学でも学習したよね…。

CASE11で学習したように、設備投資の意思決定の計算では計算期間が長期間にわたるので、貨幣の時間価値を考慮して計算していきます。

商業簿記・会計学でも学習しますが、ここでも確認しておきましょう。

例 次の資料にもとづいて、各問に答えなさい。なお、解答数値は万円未満の端数を四捨五入すること。

〔資　料〕
　年利率5％の現価係数は次のとおりである。
　　1年　0.9524
　　2年　0.9070
　　3年　0.8638

〔問1〕現時点で保有する1,000万円を年利率5％の複利で3年間運用した場合の3年後の元利合計（終価）を求めなさい。

〔問2〕3年後に収入が予定される1,000万円の現在価値を計算しなさい。ただし年利率5％とする。

〔問3〕(1)　年利率5％における3年間の年金現価係数を計算しなさい。

　　　　(2)　第1年度より各年度末に1,000万円ずつ合計3年間の収入が予定される場合の現在価値を計算しなさい。

● 貨幣の時間価値

　時の経過により貨幣価値が増えることを**貨幣の時間価値**といいます。たとえば、いま所有している10,000円を銀行に預ければ1年後には利息分だけ価値が増加するので、現在の10,000円と1年後の10,000円とでは時間価値相当額だけその価値が異なってきます。

　設備投資の意思決定は、計算期間が長期にわたるため、貨幣の時間価値を考慮して計算していきます。

● 複利計算と終価係数

　資金を銀行などに預けると、通常、利息は利払日ごとに元金に繰り入れられます。

　したがって、2回目の利息を計算する際には、元金に1回目の利息を加えた額を新たな元金として計算することになります。

　このように、利息にも利息がつくような計算を**複利計算**といいます。

　そこで、現在の資金（S_0円とします）を複利で銀行などへ預けた場合の、n年後の金額（元利合計。**終価**ともいいます）をS_n円とすると、次のような計算式で表すことができます。

> この（1＋利率）^{n}を終価係数といい、利殖係数、複利元利率ともいわれます。

$$現時点のS_0円のn年後の価値をS_n円とすると、$$
$$S_n＝S_0×（1＋利率）^n$$

　以上より、CASE12について計算してみましょう。

CASE12［問1］の元利合計

　終価係数を用いて計算すると次のようになります。
・1,000万円×（1＋0.05）^{3}＝1,157.625万円 → 1,158万円

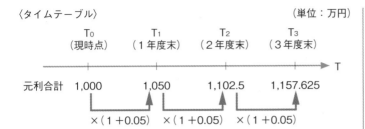

〈タイムテーブル〉　　　　　　　　　　　　　　　（単位：万円）

	T_0 （現時点）	T_1 （1年度末）	T_2 （2年度末）	T_3 （3年度末）

元利合計　1,000　　　　1,050　　　　1,102.5　　　1,157.625

×（1＋0.05）　×（1＋0.05）　×（1＋0.05）

割引計算と現価係数

　貨幣の現在の価値を**現在価値**といい、一定期間後の価値を**将来価値**（**終価**ともいいます）といいます。

　ここで複利計算とは逆に、将来価値を現在価値に引き戻すことを**割引計算**といい、現在価値に引き戻すために使用する係数のことを**現価係数**といいます。

　そこで、n年後のS_n円の現在価値をS_0円とすれば、次のような計算式で表すことができます。

> n年後のS_n円の現在価値をS_0円とすると、
> $S_0 ＝ S_n ×$ n年後の現価係数

　以上より、CASE12について計算してみましょう。

> この現価係数は$\dfrac{1}{（1＋利率）^n}$で計算することができ、前述の終価係数の逆数になります。

CASE12［問2］の現在価値

　資料にある年利率5％の3年目の現価係数を用いて計算すると次のようになります。

・1,000万円×<u>0.8638</u>＝863.8万円　→　864万円
　　　　　　　現価係数

〈タイムテーブル〉　　　　　　　　　　　　　　　（単位：万円）

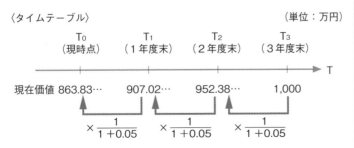

	T_0 （現時点）	T_1 （1年度末）	T_2 （2年度末）	T_3 （3年度末）

現在価値　863.83…　　　907.02…　　　952.38…　　　1,000

$×\dfrac{1}{1＋0.05}$　　$×\dfrac{1}{1＋0.05}$　　$×\dfrac{1}{1＋0.05}$

なお、年利率5％の現価係数は次の計算で算定されます（小数点以下第5位四捨五入）。

・1年後 $= \dfrac{1}{(1+0.05)} \fallingdotseq 0.9524$

・2年後 $= \dfrac{1}{(1+0.05)^2} \fallingdotseq 0.9070$

・3年後 $= \dfrac{1}{(1+0.05)^3} \fallingdotseq 0.8638$

● 年金現価係数

何年にもわたって毎年一定額を受け取る（または支払う）ことを**年金**といいます。このように毎年一定額の現金収支がある場合の現在価値はどのように求めたらよいのでしょうか。

毎年の金額を一つ一つ割引計算をしていくのは面倒です。そこで、一括して現在価値に割引計算をする場合があります。

このときに使用する係数を**年金現価係数**といい、1年後からn年後までの現価係数を合計して求められます。

> この年金現価係数は $\dfrac{1-(1+利率)^{-n}}{利率}$ として計算することができます。

> n年間にわたり、毎年受け取るS_n円の現在価値をS_0円とすると、
> $$S_0 = S_n \times n年後の年金現価係数$$

以上により、CASE12について計算してみましょう。

CASE12［問3］の年金現価係数と現在価値

(1) 年金現価係数

年金現価係数は1年後からn年後までの現価係数の合計として求められます。

・1年間の場合 = 0.9524
・2年間の場合 = 0.9524 + 0.9070 = 1.8594
・3年間の場合 = 0.9524 + 0.9070 + 0.8638 = 2.7232

(2) 現在価値

- $1{,}000$万円 $\times 0.9524 + 1{,}000$万円 $\times 0.9070 + 1{,}000$万円 $\times 0.8638$

  $= 1{,}000$万円 $\times (0.9524 + 0.9070 + 0.8638)$

  $= 1{,}000$万円 $\times 2.7232$〈年金現価係数〉

  $= 2{,}723.2$万円 → $2{,}723$万円

〈タイムテーブル〉 (単位：万円)

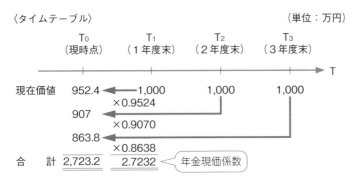

　設備投資の意思決定においては、現在、設備投資を行ったならば、将来、どのくらいの経済的効果を得られるかについて、キャッシュ・フローにより測定し、意思決定を行います。

　具体的には、設備投資を行った場合に生じる**将来のキャッシュ・フローを確定**し、それを**現在価値に割り引き**、その**現在価値と現時点で投資する金額を比較**して意思決定を行います。

　このように設備投資の意思決定においては、将来価値を現在価値に割り引く割引計算が必要不可欠となります。

設備投資の意思決定では現時点で投資するかどうかの意思決定を行うので、複利計算よりも、割引計算の考え方が重要となるんだね。

設備投資の意思決定の評価モデル
～時間価値を考慮する方法

設備投資の意思決定計算では、投資案の始点から終点までに発生するキャッシュ・フローデータを予測し、意思決定の評価モデルにあてはめて経済性を評価し、投資するか否かの判断を下すことになります。
その評価モデルにはどのようなものがあるのかみていきましょう。

例　次の資料にもとづいて、各問に答えなさい。なお、計算途中で生じる端数は処理せずに計算すること。

[資　料]

　ゴエモン㈱では次の新規設備投資案を検討中である。

1．設備投資額　　　　　　　　　10,000万円

2．投資案の予想貢献年数　　　3年

3．この投資案を採用した場合に生じる年々のキャッシュ・イン・フロー

第1年度	第2年度	第3年度
3,400万円	4,200万円	3,200万円

4．3年経過後の設備の処分価値は、800万円と予測される。

5．資本コスト率は年6％である。

6．法人税等は考慮しない。

7．現価係数は次のとおりである。

	5％	6％	7％	8％	9％	10％
1年	0.9524	0.9434	0.9346	0.9259	0.9174	0.9091
2年	0.9070	0.8900	0.8734	0.8573	0.8417	0.8264
3年	0.8638	0.8396	0.8163	0.7938	0.7722	0.7513

意思決定の評価モデルの分類

　設備投資の意思決定の評価モデルとは、設備投資案の優劣を
評価する方法であり、次に示すような方法があります。

時間価値を考慮する方法	・正味現在価値法
	・収益性指数法
	・内部利益率法

| 時間価値を考慮しない方法
（簡便法） | ・単純回収期間法 |
| | ・単純投下資本利益率法 |

> 本来、時間価値を
> 考慮した計算を行
> うべきですが、実
> 務上は簡便性を考
> 慮して時間価値を
> 考慮しない計算方
> 法を採用すること
> もあります。

　このうち、CASE13では時間価値を考慮する方法について学
習し、次のCASE14で時間価値を考慮しない方法について学習
していきます。

正味現在価値法

　正味現在価値法（net present value method ; NPV）とは、
投資によって生じる毎年のネット・キャッシュ・フローを割り
引いた現在価値合計から、投資額を差し引いて、その投資案の
正味現在価値を計算し、正味現在価値のより大きな投資案を有
利と判定する方法をいいます。

ここで、ネット・キャッシュ・フローとは、キャッシュ・イ
ン・フローからキャッシュ・アウト・フローをマイナスした
キャッシュ・フローの純額のことで、NETと表されます。
　なお、設備投資の資金には資本コストがかかっているため、
キャッシュ・フローの割引率には資本コスト率を使用します。

資本コスト率の計算はテキストⅢで学習したよね。

$$\text{投資案の正味現在価値} = \text{毎年のネット・キャッシュ・フローの現在価値合計} - \text{投資額}$$

　また、キャッシュ・フロー状況を把握し、正味現在価値を算
定するために、次のようなキャッシュ・フロー図を利用します。

〈キャッシュ・フロー図〉

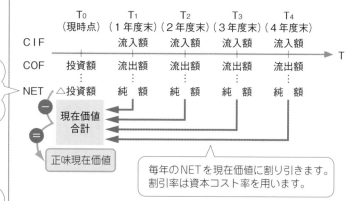

実際の作り方は次のStep 1 〜 でみていきます。

毎年のNETを現在価値に割り引きます。
割引率は資本コスト率を用います。

　正味現在価値では、一般的に正味現在価値がプラスであれば
その投資案は有利と判定し、逆に正味現在価値がマイナスであ
れば不利と判定します。

A案・B案どちらかを採用するような意思決定を相互排他的投資案の意思決定といいます。

　しかし、A案とB案のどちらかを選択するか決定するような
場合、キャッシュ・フローの認識の仕方によって有利な投資案
であっても正味現在価値がマイナスになるケースもあります。
この場合にはマイナスの数値のより小さい投資案が有利と判定
されることになります。
　それではCASE13について正味現在価値法で投資案を評価し
てみましょう。

Step1 キャッシュ・フロー状況の把握

　まずは毎年のキャッシュ・フローの状況を把握します。その際タイムテーブルを作って上側にキャッシュ・イン・フロー（CIF❷、❸）を、下側にキャッシュ・アウト・フロー（COF❶）を書き込んでいきます。そしてキャッシュ・イン・フローからキャッシュ・アウト・フローを差し引いて、ネット・キャッシュ・フロー（NET❺）を計算します。

Step2 現在価値合計の算定

　次に、ネット・キャッシュ・フローに資本コスト率６％の現価係数を掛けて現在価値に割引計算し、現在価値合計を計算します。

Step3 正味現在価値の算定

　Step２で計算した現在価値合計から投資額を差し引いて、正味現在価値（NPV❹）を求め、投資判断を行います。

〈キャッシュ・フロー図〉　　　　　　　　　　　　　　　　　（単位：万円）

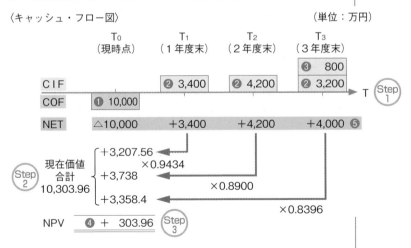

❶ 初期投資額

COF　10,000万円（資料1より）

❷ 投資による年々のキャッシュ・イン・フロー

CIF　1年度　3,400万円（資料3より）

CIF　2年度　4,200万円（資料3より）

CIF　3年度　3,200万円（資料3より）

❸ 残存処分価値

CIF　800万円（資料4より）

❹ 正味現在価値

3,400万円×0.9434＋4,200万円×0.8900＋4,000万円×0.8396

－10,000万円＝＋303.96万円　→　＋304万円

以上より、正味現在価値が304万円と計算されプラスとなるため、この投資案は採用すべきと判断されます。

キャッシュ・フローの認識時点

設備投資の意思決定の計算では、初期投資（固定資産の取得など）は現時点において行われ、その投資の成果としてのキャッシュ・フローは各年度末に生じると仮定して計算していきます。

収益性指数法

収益性指数法とは、次の式で収益性指数を計算し、収益性指数のより大きな投資案を有利と判定する方法をいいます。なお、現在価値への割引率は正味現在価値法と同様に資本コスト率を使用します。

$$収益性指数 = \frac{投資によって生じる年々のネット・キャッシュ・フローの現在価値合計}{投資額（の現在価値合計）}$$

〈キャッシュ・フロー図〉

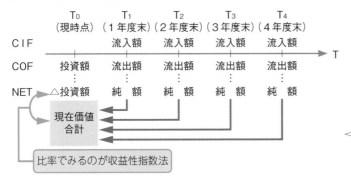

比率でみるのが収益性指数法

毎年のネット・キャッシュ・フローの現在価値合計と投資額の差額を計算するのが正味現在価値法であり、収益性指数法は両者の比率を計算する方法です。

　計算の結果、独立投資案である場合には収益性指数が1より大きければ、その投資案は有利であるから採用すべきと判定し、逆に1より小さければその投資案は不利であるから棄却すべきと判定します。

独立投資案とは、各投資案が相互に無関係であり、採否の評価が各投資案別に行われるものをいいます。

収益性指数 ＞ 1……有利
収益性指数 ＜ 1……不利

　それでは収益性指数法でCASE13の投資案を評価してみましょう。

CASE13〔問2〕の収益性指数法

Step 1 現在価値合計の算定

　〔問1〕と同様に毎年のキャッシュ・フローの状況から、資本コスト率6％の現価係数を掛けて現在価値合計を計算します。

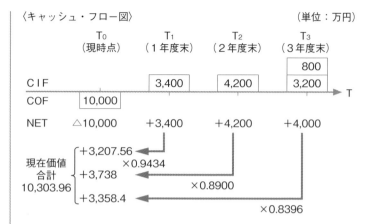

〈キャッシュ・フロー図〉 （単位：万円）

Step 2 収益性指数の算定

次に Step 1 で計算した現在価値合計を投資額で割って収益性指数を求め、投資判断を行います。

・収益性指数：$\dfrac{10{,}303.96 万円 \langle 現在価値合計 \rangle}{10{,}000 万円 \langle 投資額 \rangle} = 1.030396 \to 1.03$

以上より、収益性指数は1.03と計算され、1を上回るため、この投資案は採用すべきと判断されます。

● 内部利益率法

内部利益率法とは、投資によって生じる年々のネット・キャッシュ・フローの現在価値合計と、投資額（の現在価値）とが、ちょうど等しくなる割引率、すなわち、その投資案の正味現在価値がゼロとなる割引率を求め、内部利益率がより大きな投資案ほど有利と判定する方法です。

> 投資案の内部利益率＝正味現在価値がゼロになる割引率

これを内部利益率といいます。

〈キャッシュ・フロー図〉

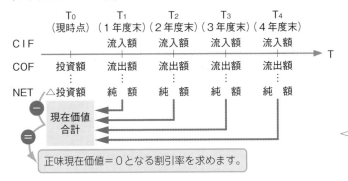

正味現在価値＝0となる割引率を求めます。

内部利益率は試行錯誤により求めることになります。

正味現在価値法が時間価値を考慮した投資からもたらされる利益額を計算する方法であるのに対し、内部利益率法は、時間価値を考慮した投資案の投資利益率といえます。

正味現在価値法が金額で考えるのに対し、内部利益率法は比率で考えます。

このことより、投資案が独立投資案である場合には、内部利益率が最低所要利益率である資本コスト率よりも大きければ、その投資案は有利であるから採用すべきと判定し、逆に内部利益率が資本コスト率よりも小さければ、その投資案は不利であるから棄却すべきと判定されます。

> 内部利益率 ＞ 資本コスト率……有利
> 内部利益率 ＜ 資本コスト率……不利

それでは内部収益率法でCASE13の投資案を評価してみましょう。

CASE13［問3］の内部利益率法

Step 1 内部利益率の推定

内部利益率は通常、割り切れない数値となるので、まず内部利益率の概算値を推定していきます。CASE13の資料7の現価係数表は5％～10％まで与えられているので、中間点の7％、8％あたりから割引計算をはじめて、正味現在価値がゼロに近づく割引率を試行錯誤で計算していきます。

正味現在価値と割引率

割引率が高くなれば、現価係数は小さくなります。

7%の1年目の現価係数	>	8%の1年目の現価係数
0.9346		0.9259

したがって、ネット・キャッシュ・フローに掛ける現価係数が小さくなれば正味現在価値は当然少なくなるので、正味現在価値を引き下げたいのであれば割引率を高くすることになります。

(1) **7%での正味現在価値**

・正味現在価値：3,400万円 × 0.9346 + 4,200万円 × 0.8734
        + 4,000万円 × 0.8163 − 10,000万円
        = + 111.12万円

正味現在価値がプラスとなるため、求める割引率は7%より高くなります（→8%へ進む）。

(2) **8%での正味現在価値**

・正味現在価値：3,400万円 × 0.9259 + 4,200万円 × 0.8573
        + 4,000万円 × 0.7938 − 10,000万円
        = △76.08万円

正味現在価値がマイナスとなるため、求める割引率は8%より低くなります。

以上より、内部収益率（正味現在価値がゼロとなる割引率）は7%～8%の間のどこかにあることがわかりました。

Step2 内部利益率の算定

Step 1より、この投資案は7%と8%の間で正味現在価値がプラスからマイナスに転じるため、求めたい内部利益率は7%と8%の間に存在することがわかりました。そこで、次に**補間法**で、小数点以下の数値を計算し、正確な内部利益率を求めて投資判断を行うことになります。

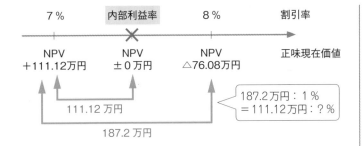

7 %	内部利益率	8 %	割引率

187.2万円：1 %
＝111.12万円：？ %

　割引率 7 ％の正味現在価値は111.12万円のプラスであり、あと111.12万円減らせば正味現在価値はゼロになります。また、割引率を 7 ％から 8 ％へと 1 ％大きくすると正味現在価値は187.2万円小さくなるので、この金額の割合を利用して正確な内部利益率を算出していく方法を補間法といいます。

$$\cdot\ 7\ \% + \frac{111.12\text{万円}}{187.2\text{万円}}\ (\ = 0.5935\cdots)\ \% = 7.5935\cdots\% \ \rightarrow\ 7.59\%$$

　以上より、内部利益率は7.59％と計算され、資本コスト率 6 ％より大きくなるので、この投資案は採用すべきと判断されます。

内部利益率法はまず内部利益率の概算値を推定してから、補間法により計算していくんだね。内部利益率の概算値は問題の資料の現価係数表のだいたい中間点から始めていくと、比較的早くみつかることが多いよ。

⇔ 問題編 ⇔
問題 8 〜 10

設備投資の意思決定の評価モデル
〜時間価値を考慮しない方法

貨幣の時間価値を考えずに、設備投資の意思決定はできないのかな。

くるま型の小物入れ　生産

ゴエモン㈱
鈴鹿工場

次は、貨幣の時間価値を考慮しない設備投資の意思決定の評価モデルについてみていきましょう。

例　次の資料にもとづいて、各問ごとに投資案の評価を行いなさい。なお計算途中で生じる端数は処理せず計算し、解答段階で各問の指示に従うこと。

［資　料］

1．ゴエモン㈱では次の3つの案の新規設備投資案を検討中である。

	A　案	B　案	C　案
設備投資額	91,276万円	151,632万円	83,946万円
耐 用 年 数	5年	5年	5年
残 存 価 額	10,000万円	15,000万円	8,000万円

2．この投資案を採用した場合に生じる年々のキャッシュ・イン・フロー。

	A　案	B　案	C　案
1年目	15,000万円	30,000万円	25,000万円
2年目	16,000万円	35,000万円	30,000万円
3年目	20,000万円	40,000万円	31,000万円
4年目	18,000万円	37,000万円	29,000万円
5年目	21,000万円	43,000万円	27,000万円

3．法人税等は考慮しない。

● 単純回収期間法とは

単純回収期間法とは、次に示す式で投資額をどのくらいで回
収できるか（回収期間）を計算し、回収期間の短い投資案を有
利とする方法です。

$$投資の回収期間 = \frac{投資額}{投資から生じる年間平均予想増分純現金流入額}$$

単純回収期間法は、時間価値を考慮しないため、投資の意思
決定モデルとしては不完全な方法ですが、投資案の安全性を簡
単に判断することができるという特徴があります。

以上より、単純回収期間法によって投資案を評価すると次の
ようになります。

CASE14 ［問1］の単純回収期間法

・A案の回収期間：

$$\frac{91,276万円}{\{15,000万円 + 16,000万円 + 20,000万円 + 18,000万円 + (21,000万円 + 10,000万円)\} \div 5年}$$

　　　　　　　　　　　　　　　　　　　　　　　　　　　残存価額

$= 4.5638年 \rightarrow 4.6年$

・B案の回収期間：

$$\frac{151,632万円}{\{30,000万円 + 35,000万円 + 40,000万円 + 37,000万円 + (43,000万円 + 15,000万円)\} \div 5年}$$

　　　　　　　　　　　　　　　　　　　　　　　　　　　残存価額

$= 3.7908年 \rightarrow 3.8年$

資料に処分価値が
書いていない場合
には、耐用年数経
過時に残存価額で
売却処分されるも
のと仮定します。
耐用年数経過時に
残存価額を加える
のを忘れないよう
にしましょう。

・C案の回収期間：

$$\frac{83,946万円}{|25,000万円 + 30,000万円 + 31,000万円 + 29,000万円 + (27,000万円 + 8,000万円)| \div 5年}$$

残存価額

$$= 2.7982年 \rightarrow 2.8年$$

　以上より、A案は4.6年、B案は3.8年、C案は2.8年と計算され、C案がもっとも回収期間が短く有利な投資案であると判断されます。

● 単純投下資本利益率とは

> 投下資本利益率はテキストⅢで学習しましたね。
> また、「単純」というのは時間価値を考慮しないという意味です。

　単純投下資本利益率法とは、次に示す式で単純投下資本利益率を計算し、それが大きなほうの投資案を有利とする方法です。

$$単純投下資本利益率 = \frac{(増分純現金流入額合計 - 投資額) \div 経済的耐用年数}{投資額} \times 100$$

　なお、投下資本利益率法には、投資額が減価償却によって毎年回収できることから平均的には投資額の半分が未回収として残っていると考え、分母の投資額を「投資額÷2」とする単純平均投下資本利益率という方法もあります。

$$単純平均投下資本利益率 = \frac{(増分純現金流入額合計 - 投資額) \div 経済的耐用年数}{投資額 \div 2} \times 100$$

　以上より、単純投下資本利益率法によって投資案を評価すると次のようになります。

CASE14［問2］の単純投下資本利益率法

・A案の単純投下資本利益率：

$$\frac{|15,000万円 + 16,000万円 + 20,000万円 + 18,000万円 + (21,000万円 + 10,000万円)| - 91,276万円 \div 5年}{91,276万円} \times 100$$

$$= 1.9115\cdots\% \rightarrow 1.91\%$$

・B案の単純投下資本利益率：

$$\frac{\left|30,000万円 + 35,000万円 + 40,000万円 + 37,000万円 + (43,000万円 + 15,000万円) - 151,632万円\right| \div 5年}{151,632万円} \times 100$$

$= 6.3796\cdots\% \rightarrow 6.38\%$

・C案の単純投下資本利益率：

$$\frac{\left|25,000万円 + 30,000万円 + 31,000万円 + 29,000万円 + (27,000万円 + 8,000万円) - 83,946万円\right| \div 5年}{83,946万円} \times 100$$

$= 15.7372\cdots\% \rightarrow 15.74\%$

　以上より、A案は1.91%、B案は6.38%、C案は15.74%と計算され、C案の単純投下資本利益率がもっとも大きく、有利な投資案であると判断されます。

問題編
問題11

タックス・シールドとは?

タックス・シールドって
なんだろう?

税務署

法人税

これまでのキャッシュ・フロー計算では法人税の支払いを無視して考えてきましたが、実際には法人税の支払いを考慮しなければなりません。法人税の支払いを考慮するとキャッシュ・フローにどのような影響を与えるのでしょうか。

特に減価償却費などの非現金支出費用の法人税に与える影響が重要となるので具体的にみていきましょう。

例 ゴエモン㈱では設備投資案Aを採用するか検討中である。次の条件下における増分キャッシュ・フローを求めなさい。

[問1] 設備投資案Aを採用すると、新たに売上高が10,000円増加するが、それにともなって材料などの現金支出費用が6,000円増加する。

　　ここで、法人税率が40%であるとして、法人税を考慮に入れた場合の増分キャッシュ・フローを求めなさい。

[問2] [問1] に次の条件を追加する。

　　設備投資案Aを採用したとき、減価償却費が1,000円増加した。このときの税引後の増分キャッシュ・フローを求めなさい。

増分キャッシュ・フローと会計上の利益

このことを、毎年の経済的効果といいます。

　設備投資の意思決定計算で必要とする毎年のキャッシュ・フロー情報は、その設備投資案を採用すれば将来新たに発生する

と予想される現金流入額と現金流出額（すなわち増分キャッシュ・フロー）に関するデータです。

しかし、設備投資案の採用により毎年得られる税引後純現金流入額の増加分と会計上の税引後当期純利益の増加分とは通常一致しないので注意しなければなりません。

その原因としては、減価償却費などの非現金支出費用が法人税支払額へ与える影響をあげることができます。

● 法人税等による増分キャッシュ・フロー

ある設備投資案を採用すると、新たに製品売上収入（売上高）が増加しますが、それにともなって材料費などの現金支出費用も増加します。

その結果、課税対象となる利益（純収入）の増加分に税率を掛けた額だけ、法人税支払額も増加します。

損益計算書		増分キャッシュ・フローの把握
売　　上　　10,000円	→	（現　　金）10,000（売　　上）10,000（CIF 10,000円）
現金支出費用　6,000	→	（現金支出費用）6,000（現　　金）6,000（COF 6,000円）
税引前利益　4,000円 **法人税率**		
法　人　税　1,600 **×40%**	→	（法　人　税）1,600（現　　金）1,600（COF 1,600円）
税引後当期純利益　2,400円		税引後増分キャッシュ・フロー　　2,400円

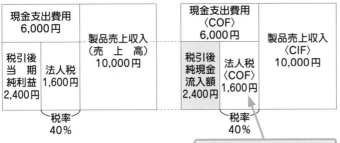

法人税は会計上の損益計算を基礎に計算され、現金支出をともなうためキャッシュ・アウト・フローとなります。

したがって、ある設備投資案を採用した場合に、新たに増加する税引後キャッシュ・フローは次のように計算されます。

> 税引後キャッシュ・フロー＝製品売上収入－現金支出費用－法人税支払額

よって、CASE15の税引後キャッシュ・フローは次のように求められます。

CASE15［問１］の増分キャッシュ・フロー

・税引後キャッシュ・フロー：
10,000円－6,000円－1,600円＝2,400円
また、この計算は会計上の損益計算と同じ計算となるので、次のように求めることもできます。

> 税引後キャッシュ・フロー＝(製品売上収入－現金支出費用)×(１－法人税率)

これによると次のように求められます。
・税引後キャッシュ・フロー：
(10,000円－6,000円)×(１－0.4)＝2,400円

いままでは法人税については考慮していませんでしたが、試験では法人税の影響を考慮に入れた意思決定問題が出題されます。この場合、法人税支払額はキャッシュ・アウト・フローとして計上していくことになります。

● 減価償却費による法人税節約額

ここまで、減価償却費がない場合のキャッシュ・フロー計算をみてきましたが、設備投資案Ａを採用した場合には、設備の減価償却費も増加していきます。

ここで、減価償却費の仕訳は以下のようになります。

（減 価 償 却 費）　×××　　（減価償却累計額）　×××

このように、減価償却費とは、現金の支出をともなわない費用です。そのため、減価償却費自体はキャッシュ・フロー項目ではありません。

　しかし、会計上の損益計算においては、減価償却費も費用計上されるので、減価償却費の分だけ税引前当期純利益は減少しています。

　減価償却費の分だけ利益が減少しているのですから、法人税の支払額は「減価償却費×法人税率」の分だけ節約され、同額だけ税引後のキャッシュ・フローが増加する結果となります。

　このような減価償却費などの非現金支出費用の法人税節約額をタックス・シールドといいます。

```
　　　損益計算書                      増分キャッシュ・フローの把握
売　　　上 10,000円  →（現　　　金）10,000（売　　　上）10,000（CIF 10,000円）
現金支出費用  6,000  →（現金支出費用） 6,000（現　　　金） 6,000（COF  6,000円）
減価償却費  1,000    →（減価償却費） 1,000（減価償却累計額）1,000（　　──　　）
税引前利益  3,000円 ┐法人税率
法　人　税  1,200    ┘×40% →（法　人　税）1,200（現　　　金）1,200（COF  1,200円）
税引後当期純利益  1,800円          税引後増分キャッシュ・フロー        2,800円
```

減価償却費による法人税節約額の400円分、増えています。

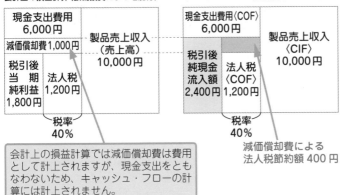

会計上の損益計算（設備投資による増加分）

現金支出費用 6,000円	製品売上収入（売上高）10,000円
減価償却費1,000円	
税引後当期純利益 1,800円	法人税 1,200円
	税率 40%

キャッシュ・フロー（設備投資による増加分）

現金支出費用〈COF〉6,000円	製品売上収入〈CIF〉10,000円
税引後純現金流入額 2,400円	法人税〈COF〉1,200円
	税率 40%

会計上の損益計算では減価償却費は費用として計上されますが、現金支出をともなわないため、キャッシュ・フローの計算には計上されません。

減価償却費による法人税節約額 400円

> 減価償却費による法人税節約額＝減価償却費×法人税率

　したがって、ある設備投資案を採用した場合に、新たに増加する税引後キャッシュ・フローは次のように求められます。

とても
重要

> 税引後キャッシュ・フロー
> ＝(製品売上収入－現金支出費用)×(1－法人税率)＋減価償却費×法人税率
> 　　　　　　税引後純現金流入額　　　　　　　　タックス・シールド
>
> > タックス・シールドを求める
> > 場合は1－法人税率ではな
> > く、法人税率をかけます。

　なお、減価償却費のほかにも、①固定資産売却損や②固定資産除却損のような非現金支出費用からはタックス・シールドが生じます。
　よってCASE15の税引後キャッシュ・フローは次のようになります。

CASE15［問2］の増分キャッシュ・フロー

・税引後キャッシュ・フロー：
　$(10,000円 － 6,000円) \times (1 － 0.4) ＋ 1,000円 \times 0.4 ＝ 2,800円$

> 法人税の資料があったら、法人税の
> 支払額とそれにともなうタックス・
> シールドをキャッシュ・フロー計算に
> 組み込まないといけないね。

CASE 16 設備投資の意思決定

タックス・シールドを考慮した キャッシュ・フロー計算

法人税の支払いを考慮した場合の
キャッシュ・フロー予測を実際に
行ってみよう。

かしこまりました！

経理

部長

それでは、具体的な数
値例を使ってデータを
抽出し、正味現在価値法によ
り意思決定してみましょう。

例 ゴエモン㈱では新設備Xへの新規投資案を検討中である。次の
資料にもとづいて、各問に答えなさい。

［資　料］

1．新設備Xへの投資額　　　20,000万円

現時点（0年度末）で一括投資される

2．各年度のキャッシュ・フローに関するデータ

(1) この投資案を採用する場合と、採用しない場合を比較すると次
のような変化がある。

	採用前	採用後
売　上　高	42,000万円	65,000万円
現金支出費用	18,000万円	34,000万円
減価償却費	7,000万円	各自推定

(2) (1)の変化は、投資案の予想貢献年数（5年間）のすべての期間
について共通している。また売上高はすべて現金売上である。

(3) 設備の法定耐用年数は5年、残存価額10%、定額法によって
減価償却する。

(4) 投資終了時（5年度末）における新設備Xの処分価値は1,200
万円と予想される。

3．法人税の税率は40%である。

4．税引後の資本コスト率は5%である。

5. 資本コスト率5％における現価係数は次のとおりである。

	1年	2年	3年	4年	5年
現価係数	0.9524	0.9070	0.8638	0.8227	0.7835

[問1] この投資案の毎年のキャッシュ・フローを計算しなさい。ただし、法人税の支払いは考慮しないものとする。なおキャッシュ・フローがマイナス（現金支出）の場合には△を付すこと（以下同じ）。

[問2] 法人税の支払いを考慮し、この投資案の毎年のキャッシュ・フローを計算しなさい。

[問3] ［問2］で求めたキャッシュ・フローにもとづいて、この投資案の正味現在価値を計算し、投資の採否について判断を行いなさい。

● 法人税の支払いを考慮しない場合のキャッシュ・フロー

設備投資の意思決定計算で必要とする情報は、その投資案を採用すれば新たに発生すると予想される増分キャッシュ・フローに関するデータです。

CASE16で新設備Xへの投資案を採用すれば新たに発生すると予想される増分キャッシュ・フロー項目は次のようになります。

❶ 新設備Xへの初期投資額（取得原価）：20,000万円（COF）

❷❸ 投資案から生じる毎年の経済的効果

	採用後	採用前	差額〈増加分〉
製品売上高	65,000万円	42,000万円	23,000万円（CIF）…❷
現金支出費用	34,000万円	18,000万円	16,000万円（COF）…❸
減価償却費*	10,600万円	7,000万円	3,600万円（ー）

* 減価償却費の増加分：20,000万円×0.9÷5年＝3,600万円

　減価償却費：7,000万円＋3,600万円＝10,600万円

 注意 減価償却費は現金の支出をともなわないため、キャッシュ・フロー項目ではありません。

❹　投資終了時（5年度末）における新設備Xの売却収入：

$$1,200万円（CIF）$$

　設備投資の意思決定計算は未来の予測計算であり、現実に仕訳が行われるわけではありませんが、投資を行ったものとして新設備Xの売却時の仕訳を想定してみると次のようになります。

> （減価償却累計額）18,000万円*1　（新 設 備 X）20,000万円
> （現　　　　金）　1,200万円
> 　　　　　　　　　CIF
> （新設備売却損）　　800万円*2

* 1　減価償却累計額：3,600万円 × 5年 = 18,000万円

* 2　2,000万円 − 1,200万円 = 800万円
　　　簿価　　　売価　　　売却損

 注意　設備売却損は現金の支出をともなわないため、キャッシュ・フロー項目ではありません。

〈キャッシュ・フロー図〉　　　　　　　　　　　　　　　　　　　　　　　（単位：万円）

	T_0 （現時点）	T_1 （1年度末）	T_2 （2年度末）	T_3 （3年度末）	T_4 （4年度末）	T_5 （5年度末）
						❹　1,200
CIF		❷ 23,000	❷ 23,000	❷ 23,000	❷ 23,000	❷ 23,000
COF	❶ 20,000	❸ 16,000	❸ 16,000	❸ 16,000	❸ 16,000	❸ 16,000
NET	△20,000	+7,000	+7,000	+7,000	+7,000	+8,200

　以上より、法人税の支払いを考慮しない場合の毎年のキャッシュ・フローは次のようになります。

CASE16［問1］の法人税を考慮しない毎年のキャッシュ・フロー

0年度末 （現時点）	1年度末	2年度末	3年度末	4年度末	5年度末
△20,000万円	7,000万円	7,000万円	7,000万円	7,000万円	8,200万円

● 法人税の支払いを考慮した場合のキャッシュ・フロー

法人税の支払いを考慮する場合には現金収支をともなう収益・費用については、「1－法人税率」を掛けて**税引後に修正**し、減価償却費や設備売却損などの非現金支出費用は「**法人税率**」を掛けて**法人税節約額（タックス・シールド）を計算し、キャッシュ・イン・フローとして計上**することになります。

❶ 新設備Xへの初期投資額（取得原価）：20,000万円（COF）

❷～❹ 投資案から生じる毎年の経済的効果

・税引後売上収入：

$$\underset{増分売上収入}{23,000万円} \times \underset{法人税率}{(1-0.4)} = 13,800万円（CIF）\cdots ❷$$

・税引後現金支出費用：

$$\underset{増分現金支出費用}{16,000万円} \times \underset{法人税率}{(1-0.4)} = 9,600万円（COF）\cdots ❸$$

・減価償却費による法人税節約額（タックス・シールド）：

$$3,600万円 \times \underset{法人税率}{0.4} = 1,440万円（CIF）\cdots ❹$$

なお、❷～❹については次のようにまとめて計算することもできます。

・$(\underset{増分売上収入}{23,000万円} - \underset{増分現金支出費用}{16,000万円}) \times (1-0.4) + \underset{減価償却費}{3,600万円} \times 0.4 = 5,640万円$

❺ 投資終了時（5年度末）における新設備Xの売却収入：

1,200万円（CIF）

注意 売却収入は資産の換金にすぎず、法人税支払額に影響を及ぼさないので、法人税率は掛けません。したがって［問1］と同じになります。

❻ 新設備Xの売却損による法人税節約額

新設備売却損自体はキャッシュ・フロー項目ではありませんが、法人税の計算に影響を及ぼすため法人税節約額をキャッシュ・イン・フローとして計上します。

・$\underset{売却損}{800万円} \times \underset{法人税率}{0.4} = 320万円（CIF）$

減価償却費による
法人税節約額を
キャッシュ・イ
ン・フローとして
計上します。

新設備売却益が生
じた場合は、法人
税増加額（＝新設
備売却益×法人税
率）をキャッ
シュ・アウト・フ
ローとして計上し
ます。

以上をキャッシュ・フロー図にまとめ、毎年のキャッシュ・フロー（NET）を求めていきます。

〈キャッシュ・フロー図〉 （単位：万円）

以上より、法人税の支払いを考慮した場合の毎年のキャッシュ・フローは次のようになります。

CASE16［問2］の法人税の支払いを考慮した毎年のキャッシュ・フロー

0 年度末 （現時点）	1 年度末	2 年度末	3 年度末	4 年度末	5 年度末
△20,000万円	5,640万円	5,640万円	5,640万円	5,640万円	7,160万円

● 正味現在価値法による意思決定

最後は［問2］で求めた税引後のキャッシュ・フローを5％の資本コスト率で割引計算して正味現在価値を計算し、その値がプラスであれば新設備投資案を採用するという意思決定を行います。

〈キャッシュ・フロー図〉　　　　　　　　　　　　　　　　　　　（単位：万円）

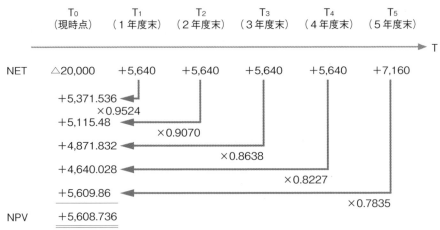

	T0 (現時点)	T1 (1年度末)	T2 (2年度末)	T3 (3年度末)	T4 (4年度末)	T5 (5年度末)	

NET　△20,000　+5,640　+5,640　+5,640　+5,640　+7,160

+5,371.536 ←
　　×0.9524
+5,115.48 ←
　　　×0.9070
+4,871.832 ←
　　　　×0.8638
+4,640.028 ←
　　　　　×0.8227
+5,609.86 ←
　　　　　　×0.7835

NPV　+5,608.736

・正味現在価値：5,640万円 × 0.9524 + 5,640万円 × 0.9070 +
　　　　　　　　5,640万円 × 0.8638 + 5,640万円 × 0.8227 +
　　　　　　　　7,160万円 × 0.7835 − 20,000万円
　　　　　　　 = + 5,608.736万円

CASE16［問3］の正味現在価値法による意思決定

　以上より、正味現在価値が5,608.736万円とプラスであるため、この新設備Xは、採用すべきであると判断されます。

とても
重要

税引後のキャッシュ・フロー

	科　目		税引後キャッシュ・フロー	
B/S 科目	設備の取得原価		取得原価	COF
	設備の売却価額		売却額	CIF
P/L 科目	製品売上収入		製品売上高×（1−法人税率）	CIF
	現金支出費用		現金支出費用×（1−法人税率）	COF
	非現金項目	減価償却費	減価償却費×法人税率	CIF
		設備売却損益	設備売却損×法人税率	CIF
			設備売却益×法人税率	COF

設備投資の意思決定の総合問題

新規大規模投資の意思決定

鈴鹿工場を建てるべきか…。
建てざるべきか…。

くるま型の小物入れ

生産

ゴエモン㈱
鈴鹿工場

ゴエモン㈱では新製品としてくるま型の小物入れの生産・販売と、それにともない新しい工場用地と建物、機械を購入するかどうかを検討しています。
そこで、このような新規大規模投資に関するデータを抽出し、内部利益率法、正味現在価値法により意思決定してみることにしました。

> **例** ゴエモン㈱では新製品Dの製造販売プロジェクトを検討中である。
> 次の資料にもとづいて、各問に答えなさい。

[資　料]
1．投資額の見積り（単位：万円）

	×0年（現時点）
固 定 資 産	
土　　　　地	1,000
建　　　　物	3,000
設　　　　備	4,000
合　　　　計	8,000
運 転 資 本	
売　　掛　　金	2,000
棚　卸　資　産	1,000
買　　掛　　金	（ 1,600 ）
差引：正味運転資本	1,400
総　投　資　額	9,400

2．年次損益の見積り（単位：万円）

	×1年度	×2年度	×3年度
売　上　高	20,000	24,000	22,000
現金支出費用	16,550	19,920	19,200

なお、売上高はすべて現金売上である。

正味運転資本は毎年、次年度の予想売上高を基準にして各年度末のキャッシュ・フローに計上する。その比率は売掛金が10％、棚卸資産が5％、買掛金が8％とする。

3．投資終了時の見積り

(1) 土地は10％の値上がりが見込まれ、売却する予定である。

(2) 建物は除却される。除却収入は生じない。

(3) 設備は投資終了時に簿価に等しい売却収入が得られる見込みである。

(4) 正味運転資本は投資終了時に全額回収される。

4．減価償却

	耐用年数	残存価額	方　法
建　物	10年	10％	定額法
設　備	5年	10％	定額法

5．法人税等の税率は40％とする。

6．税引後の資本コスト率は8％とする。

7．現価係数は次のとおりである。

n＼r	6％	7％	8％	9％	10％	11％	12％	13％	14％	15％
1	0.9434	0.9346	0.9259	0.9174	0.9091	0.9009	0.8929	0.8850	0.8772	0.8696
2	0.8900	0.8734	0.8573	0.8417	0.8264	0.8116	0.7972	0.7831	0.7695	0.7561
3	0.8396	0.8163	0.7938	0.7722	0.7513	0.7312	0.7118	0.6931	0.6750	0.6575

8．計算途中で生じた端数の処理は行わず、解答段階で各設問の指示に従うこと。

[問1] このプロジェクトの内部利益率を求め、投資案の採否について判断を行いなさい（解答は％表示の小数点以下第3位を四捨五入すること）。

[問2] このプロジェクトの正味現在価値を求め、投資案の採否について判断を行いなさい（解答は万円未満を四捨五入すること）。

新規大規模投資の意思決定とは

新規大規模投資の意思決定とは、新製品の生産・販売にともなって、新たに大規模な設備投資を行うかどうかの意思決定をいいます。

この新規大規模投資では、通常の設備投資にともなうキャッシュ・フローのほかに**正味運転資本**を考慮しなければならない場合があります。

運転資本とは

新製品の生産・販売を行うには新規設備を導入するための資金のほかに、原材料を購入するための資金などの**運転資本**が必要となります。

> 運転資本とは生産・販売活動を行っていくために必要な資金をいいます。

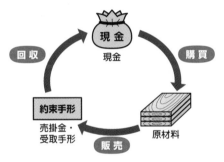

運転資本は、まず原材料などの原価財の購入にあてられ、生産・販売活動を経由したのち現金で回収されます。回収された現金は生産のために再投資され、上記のように循環します。しかし、上記の循環過程にあるものすべてが運転資本として現金支出されたわけではなく、買掛金や支払手形による原材料の購入など未払いの運転資本もあるため、運転資本の純額は次のように計算されます。

> 正味運転資本といいます。

正味運転資本＝流動資産(売掛金や棚卸資産など)－流動負債(買掛金など)

正味運転資本への投資と回収

　通常の設備投資の意思決定に関する計算問題では、収益・費用の発生とそれにともなう現金収支が同一年度に生じると仮定するため、正味運転資本に関する処理は省略されます。

　ところが、収益・費用の発生と現金収支が生じるタイミングにズレがある場合には、正味運転資本の増減（流動資産や流動負債の増加または減少）について、次のような調整を行う必要があります。

商業簿記・会計学で学習したキャッシュ・フロー計算書の、間接法の営業活動によるキャッシュ・フローの調整と同じ考え方です。

	流動資産	流動負債
増　　加	COF	CIF
減　　少	CIF	COF

　以上より、正味運転資本への投資、回収のキャッシュ・フローは次のようになります。

(1)　正味運転資本への投資

（売　掛　金）×××	（買　掛　金）×××
（棚　卸　資　産）×××	（現　　　金）×××

COFに計上

(2)　正味運転資本の回収

（買　掛　金）×××	（売　掛　金）×××
（現　　　金）×××	（棚　卸　資　産）×××

CIFに計上

税引後のキャッシュ・フローの計算

　まずは各年度の税引後のキャッシュ・フローを計算していきます。設備投資の意思決定問題では、この計算が正確にできるかどうかにより大きく点数が変わってくるので、税引後のキャッシュ・フロー計算は正確にできるようにしておきましょう。

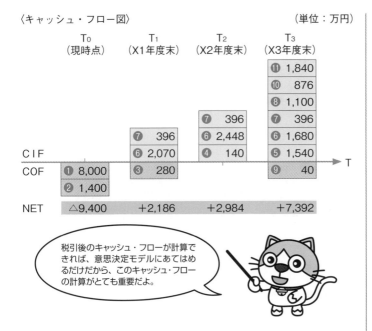

〈キャッシュ・フロー図〉 （単位：万円）

	T₀ (現時点)	T₁ (X1年度末)	T₂ (X2年度末)	T₃ (X3年度末)
				⓫ 1,840
				❿ 876
				❽ 1,100
			❼ 396	❼ 396
		❼ 396	❻ 2,448	❻ 1,680
CIF		❻ 2,070	❹ 140	❺ 1,540
COF	❶ 8,000	❸ 280		❾ 40
	❷ 1,400			
NET	△9,400	＋2,186	＋2,984	＋7,392

> 税引後のキャッシュ・フローが計算で
> きれば、意思決定モデルにあてはめ
> るだけだから、このキャッシュ・フロー
> の計算がとても重要だよ。

(1) **固定資産への投資額…❶**

（土　　　地）1,000万円	（現　　　金）8,000万円
（建　　　物）3,000万円	❶初期投資額（COF）
（設　　　備）4,000万円	

(2) **正味運転資本の増減にともなうキャッシュ・フロー**

…❷～❺

CASE17では正味運転資本の必要額を資料2より次年度の売
上高を基準に計算していきます。

・×0年度末の必要額：×1年度の売上高20,000万円を基準に計算
　（現時点）

・×1年度末の必要額：×2年度の売上高24,000万円を基準に計算

・×2年度末の必要額：×3年度の売上高22,000万円を基準に計算

　まず×0年度末（現時点）の初期投資と×1年度末の調整を示
すと次のようになります。

×0年度（現時点）〈×1年度の売上高を基準にする〉

売掛金に対する投資 20,000万円×10% =2,000万円	買掛金に対する投資 20,000万円×8% =1,600万円
棚卸資産に対する投資 20,000万円×5% =1,000万円	×1年度の操業 に必要な 正味運転資本 1,400万円

❷ 初期投資額（COF）

❸ 正味運転資本の調整：1,400万円−1,680万円
（追加投資）　　　　　=△280万円（COF）

×1年度末〈×2年度の売上高を基準にする〉

売掛金に対する投資 24,000万円×10% =2,400万円	買掛金に対する投資 24,000万円×8% =1,920万円
棚卸資産に対する投資 24,000万円×5% =1,200万円	×2年度の操業 に必要な 正味運転資本 1,680万円

　続いて×2年度末、×3年度末も同様に正味運転資本の増減に
よるキャッシュ・フローの調整を行います。

×2年度末〈×3年度の売上高を基準にする〉

売掛金に対する投資 22,000万円×10% =2,200万円	買掛金に対する投資 22,000万円×8% =1,760万円
棚卸資産に対する投資 22,000万円×5% =1,100万円	×3年度の操業 に必要な 正味運転資本 1,540万円

×3年度末〈次年度はなし〉

売掛金に対する投資 0万円	買掛金に対する投資 0万円
棚卸資産に対する投資 0万円	次年度の操業 に必要な 正味運転資本 0万円

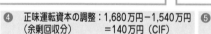

❹ 正味運転資本の調整：1,680万円−1,540万円
（余剰回収分）　　　　=140万円（CIF）

❺ 正味運転資本の調整：1,540万円−0万円
（回収分）　　　　　=1,540万円（CIF）

　以上、まとめると正味運転資本は次のような手順で処理して
いきます。

Step1　正味運転資本の初期投資は現時点で現金流出額（COF）
　　　として計上します。（ⓐ）

Step2　正味運転資本は1年サイクルで回収すると考えて現金流
　　　入額（CIF）に計上します。（ⓑ）

Step 3 Step 1 と Step 2 を繰り返します。

（単位：万円）

Step 4 各年度ごとの現金流入額（CIF）と現金流出額（COF）を相殺して純額にする。

（単位：万円）

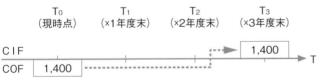

〈1級の出題ポイント〉
正味運転資本の回収

問題文の資料3(4)で、「正味運転資本は投資終了時に全額回収される」とあるので、現時点で1,400万円投資し、×3年度末に1,400万円回収されると判断しないようにしましょう。

> CASE17のように正味運転資本が変動するケースでは上記Step 4のような流れになります。変動しない場合にはこのように考えます。

（単位：万円）

	T₀ （現時点）	T₁ （×1年度末）	T₂ （×2年度末）	T₃ （×3年度末）
CIF				1,400
COF	1,400			

上記Step 4でもみたように、正しくは以下のようになりますので、正確に資料を読み取るようにしてください。

現時点　　：1,400万円の初期投資
×1年度末：正味運転資本が1,680万円必要なので280万円の追加投資
×2年度末：正味運転資本が1,540万円しか必要ではなかったので、140万円の余剰分を回収
×3年度　：1,540万円全額を回収

(3) **この投資案から得られる毎年の経済的効果**

① 製品の生産・販売により生じる税引後純現金流入額…❻

$$\left.\begin{array}{l}\text{売上収入}\times(1-\text{法人税率})\cdots\text{CIF} \\ \text{現金支出費用}\times(1-\text{法人税率})\cdots\text{COF}\end{array}\right\}\text{(売上収入}-\text{現金支出費用})\times(1-\text{法人税率})$$

- ×1年度末：$(20{,}000\text{万円} - 16{,}550\text{万円}) \times (1 - 0.4)$
  $= 2{,}070\text{万円 (CIF)}$
- ×2年度末：$(24{,}000\text{万円} - 19{,}920\text{万円}) \times (1 - 0.4)$
  $= 2{,}448\text{万円 (CIF)}$
- ×3年度末：$(22{,}000\text{万円} - 19{,}200\text{万円}) \times (1 - 0.4)$
  $= 1{,}680\text{万円 (CIF)}$

② 減価償却費による法人税節約額…❼

減価償却費は法定耐用年数にもとづいて計算するので建物、設備の減価償却費の計算の際、経済的耐用年数3年で割らないように注意してください。また、土地は非償却性資産であるため減価償却は行いません。

$$\boxed{\text{減価償却による法人税節約額} = \text{減価償却費} \times \text{法人税率}}$$

ⓐ 減価償却費
- 建物：$3{,}000\text{万円} \times 0.9 \div 10\text{年} = 270\text{万円}$
- 設備：$4{,}000\text{万円} \times 0.9 \div 5\text{年} = 720\text{万円}$

ⓑ 法人税節約額（定額法採用のための3年間共通）
- ×1年度末～×3年度末：$(270\text{万円} + 720\text{万円}) \times 0.4$
  $= 396\text{万円 (CIF)}$

(4) **投資終了時（×3年度末）における固定資産の処分**

① 土地

（現 金）1,100万円	（土 地）1,000万円
❽売却収入（CIF）	（土地売却益） 100万円

- 土地の売却益による法人税増加額：
  $100\text{万円} \times 0.4 = 40\text{万円 (COF)} \cdots$❾

② 建物

（減価償却累計額）　810万円*　　（建　　　物）3,000万円
（建物除却損）　2,190万円

・建物除却損（非現金支出費用）による法人税節約額：
2,190万円 × 0.4 = 876万円（CIF）…⑩

＊　減価償却累計額：270万円 × 3年 = 810万円

③　設備

（減価償却累計額）　2,160万円*　　（設　　　備）4,000万円
（現　　　金）　1,840万円
⑪売却収入（CIF）

＊　減価償却累計額：720万円 × 3年 = 2,160万円

> 簿価で売却される設備からは売却損は生じませんので、法人税節約額もありません。

● 正味現在価値法による意思決定

　CASE17のように内部利益率と正味現在価値法の両方が問われている場合、［問2］で正味現在価値法が問われていても（設問があとであっても）正味現在価値法から先に計算するのが効率的です。

　なぜなら内部利益率法は計算が面倒で時間がかかりますし、正味現在価値法を先に計算しておくことで内部利益率の推定に役立つからです。

　正味現在価値がプラスならば内部利益率は資本コスト率よりも高くなり、逆に正味現在価値がマイナスならば、内部利益率は資本コスト率よりも低くなるため、内部利益率法における試行錯誤による計算を減らすことができます。

　以上より、各年度のネット・キャッシュ・フローを資本コスト率8％で割引計算し、正味現在価値を計算して意思決定を行います。

> 正味現在価値法のほうが計算が早く、内部利益率の推定にも役立つので、正味現在価値法から計算していきましょう。

CASE17［問2］の正味現在価値法による意思決定

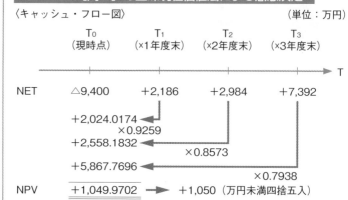

〈キャッシュ・フロー図〉　　　　　　　　　　　　　（単位：万円）

| | T₀
（現時点） | T₁
（×1年度末） | T₂
（×2年度末） | T₃
（×3年度末） |

NET　　△9,400　　＋2,186　　＋2,984　　＋7,392

＋2,024.0174　←┘
　　　　　　×0.9259
＋2,558.1832　←
　　　　　　　　　×0.8573
＋5,867.7696　←
　　　　　　　　　　　　×0.7938

NPV　　＋1,049.9702　→　＋1,050（万円未満四捨五入）

・正味現在価値：2,186万円×0.9259 ＋ 2,984万円×0.8573
　　　　　　　　＋ 7,392万円×0.7938 − 9,400万円
　　　　　　　　＝ ＋ 1,049.9702万円　→　1,050万円

　以上より、正味現在価値は＋1,050万円となりプラスである
ことからこの投資案は採用すべきと判断します。

● 内部利益率法による意思決定

　［問2］の正味現在価値は1,050万円のプラスと計算されたの
で内部利益率は資本コスト率8％より大きいことが推定できま
す。

　そこで、資料7の現価係数表の9％から15％までの間の中
間点12％のところから試行錯誤により内部利益率を計算して
いきます。

(1)　割引率12％における正味現在価値

・2,186万円×0.8929 ＋ 2,984万円×0.7972 ＋ 7,392万円×0.7118 − 9,400万円
　＝ ＋192.3498万円

(2)　割引率13％における正味現在価値

・2,186万円×0.8850 ＋ 2,984万円×0.7831 ＋ 7,392万円×0.6931 − 9,400万円
　＝△5.2244万円

以上より、内部利益率は12%と13%の間にあることが判明したので、あとは補間法により内部利益率を算定し意思決定を行います。

CASE17［問1］の内部利益率法による意思決定

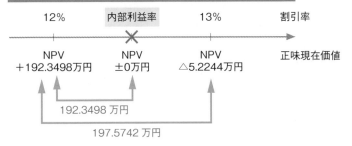

・内部利益率＝ $12\% + \dfrac{192.3498\,万円}{197.5742\,万円} = 12.9735\cdots\% \;\rightarrow\; 12.97\%$

（％未満第3位四捨五入）

　以上より、内部利益率は12.97%となり、資本コスト率8%より大きいことから、この投資案は採用すべきと判断します。

⇔ 問題編 ⇔
問題12、13

CASE 18

設備投資の意思決定の総合問題

取替投資の意思決定

写真立て用の機械が古くなってきたなぁ。
最新型に取り替えようかな。

ゴエモン㈱では写真立ての製作機械としてX設備を使ってきましたが、老朽化してきたので最新型のY設備に取り替えるかどうか検討中です。
そこで、取替投資に関するデータを抽出し、正味現在価値法で意思決定してみることにしました。

例 ゴエモン㈱では、X設備を使用して製品Bを生産しているが、X設備の老朽化が著しいため最新型のY設備に取り替えることを検討中である。次の資料にもとづいて、各問に答えなさい。

［資　料］

1. X設備の取得原価は1,800万円、耐用年数は12年（すでに8年経過しているので、残りの耐用年数は4年）、4年後の残存価額は180万円である。

2. Y設備の取得原価は800万円、耐用年数は4年、4年後の残存価額は、80万円である。

3. いずれの設備を使用しても製品Bの生産・販売量に変化はなく、各設備を使用する場合の年々の設備稼働費（すべて現金支出費用）は次のとおりである。

　　　X設備の設備稼働費：450万円
　　　Y設備の設備稼働費：200万円

4. X設備をY設備に取り替える場合、X設備は売却処分する。
　　X設備の現時点における売却価額は240万円である。なお売却処分により生じる売却損の法人税に及ぼす影響は第1年度末に計上する。

5. 法人税率は40%とする。なお、当社は黒字企業である。

6．減価償却は定額法による。なお、経済的耐用年数と法的耐用年数は等しいものとする。また、各設備とも耐用年数到来時における処分価額は、残存価額に等しいものと予想される。

7．資本コスト率は税引後で10%とする。資本コスト率が10%のときの現価係数は次のとおりである。

年	現価係数
1	0.9091
2	0.8264
3	0.7513
4	0.6830

8．計算途中では端数処理は行わず、解答の最終段階で万円未満を切り捨てて表示する。

[問1] Y設備の購入はX設備の売却を前提とすると考え、X設備とY設備それぞれの税引後キャッシュ・フローを計算しなさい。なお、キャッシュ・フローがマイナスの場合には△を付すこと。

[問2] [問1]で求めたキャッシュ・フローにもとづいて、各設備の正味現在価値とその差額を計算し、どちらが有利であるかを答えなさい。なお正味現在価値がマイナスの場合には△を付すこと。

● 取替投資の意思決定とは

　新しい設備を購入するには多額の資金が必要となりますが、新設備は技術の向上などにより現有設備に比べて性能がきわめて高く、新設備に取り替えれば、毎年の利益が多く得られ、結果的に新設備に取り替えるほうが有利になる場合があります。

　取替投資の意思決定とは、老朽化、省力化などの理由から現在使用している設備を除却し、より高性能な新しい設備に取り替えるべきか否かを判断するような意思決定をいいます。

生産・販売量が増加したり、設備稼働コストが節約されることで利益が増加することがあります。

最新型の初期投資は高いけど、毎年の稼働費が安くなるので、長い目で見ると取り替えたほうが得かもしれないな。

●取替投資の意思決定の計算方法

取替投資の意思決定では、キャッシュ・フローの把握の仕方により、**総額法**と**差額法**の2つの計算方法があります。

解法1 総額法

総額法とは、現有設備（すでに所有している設備）のキャッシュ・フローと新設備のキャッシュ・フローを別々に計算して比較する方法です。

さらに、総額法は、現有設備の売却に関連するキャッシュ・フローの計上方法により次の2つに分かれます。

⑴ 現有設備の売却に関連するキャッシュ・フローを新設備のキャッシュ・フロー計算に計上する方法

この方法では、新設備の購入は現有設備の売却を前提とすると考え、現有設備を売却し、新設備を購入する場合のキャッシュ・フローと、現有設備を使い続ける場合のキャッシュ・フローを別々に計算して比較していきます。

⑵ 現有設備の売却に関連するキャッシュ・フローを現有設備のキャッシュ・フロー計算に機会原価として計上する方法

現有設備を使い続ける場合には、現有設備の現時点での売却収入は得られなくなります。そこでこの方法では、現有設備の現時点での売却収入を、現有設備を使い続ける場合の機会原価と考え、現有設備を使い続ける場合のキャッシュ・フロー計算に計上していきます。そして、新設備を購入する場合のキャッ

シュ・フローを別々に計算して比較していきます。

いずれの計算方法によっても最終的な計算結果は同じとなります。

解法2 差額法

差額法とは、現有設備と新設備の差額キャッシュ・フローで
計算する方法です。

総額法によるキャッシュ・フローの計算

以下、総額法⑴の方法でみていきます。

総額法では、現有設備のキャッシュ・フローと新設備の
キャッシュ・フローを別々に計算していきます。その際、現有
設備の売却に関連するキャッシュ・フローの計上には２つの方
法がありますが、CASE18では［問１］の問題文に「Ｙ設備
（新設備）の購入は、Ｘ設備（現有設備）の売却を前提とする
と考え」とあることから、現時点におけるＸ設備（現有設備）
の売却に関連するキャッシュ・フローはＹ設備（新設備）の
キャッシュ・フロー計算に計上していきます。

また、資料３に「いずれの設備を使用しても製品Ｂの生産・
販売量に変化はなく」とあることから、いずれの設備を使用し
たとしても製品売上収入は変わりません。したがって、この意
思決定計算にとって製品売上収入は無関連項目となり、キャッ
シュ・フロー計算から除外していきます。

CASE18では製品売上収入に変化はなく、無関連項目となるので、売上収入に関する資料は与えられていません。

以上より、CASE18について両案のキャッシュ・フローの状
況を計算していきましょう。

⑴ Ｘ設備（現有設備）の税引後のキャッシュ・フローの計算

〈キャッシュ・フロー図〉　　　　　　　　　　　　　（単位：万円）

第2章　設備投資の意思決定　103

❶ X設備（現有設備）を使用したときの年々の税引後設備稼働費

・450万円×(1 − 0.4) = 270万円（COF）

なお、資料に設備稼働費しかなく製品売上収入がないからといって「当社は損失が生じており法人税がかからない」と判断してしまわないように注意してください。

本問は製品売上収入が無関連項目であることから売上収入に関する資料が与えられていないだけであり、資料5に「当社は黒字企業である」とあることから、法人税の影響を考慮に入れています。

❷ 減価償却費による法人税節約額

・135万円* × 0.4 = 54万円（CIF）

＊ 減価償却費：(1,800万円 − 180万円)÷ 12年 = 135万円

❸ 投資終了時のX設備（現有設備）の売却収入

（減価償却累計額） 1,620万円*	（X 設 備）1,800万円
（現　　　金）　　180万円	
売却収入（CIF）	

＊ 減価償却累計額：135万円× 12年 = 1,620万円

以上より、X設備（現有設備）の年々の税引後のキャッシュ・フローは次のようになります。

CASE18 ［問1］のX設備の税引後のキャッシュ・フロー

現 時 点	1 年度末	2 年度末	3 年度末	4 年度末
──	△216万円	△216万円	△216万円	△36万円

X設備（現有設備）の取得原価1,800万円は8年前の現金支出費用であるため、この意思決定計算においては無関連原価となります。

(2) Y設備（新設備）の税引後のキャッシュ・フローの計算

〈キャッシュ・フロー図〉 (単位：万円)

	T_0 （現時点）	T_1 （1年度末）	T_2 （2年度末）	T_3 （3年度末）	T_4 （4年度末）
		❽ 72			❾ 80
CIF	❹ 240	❻ 192	❽ 72	❽ 72	❽ 72
COF	❺ 800	❼ 120	❼ 120	❼ 120	❼ 120
NET	△560	+144	△48	△48	+32

❹ X設備（現有設備）の売却収入：240万円（CIF）

❺ Y設備（新設備）の取得原価：800万円（COF）

❻ X設備（現有設備）の売却にともなう売却損の法人税節約額

> （減価償却累計額）1,080万円 （X 設 備）1,800万円
> （現　　　　金）　240万円
> （設 備 売 却 損）　480万円

   ・売却損（非現金支出費用）による法人税節約額：
   480万円×40% = 192万円（CIF）

❼ Y設備を使用したときの毎年の税引後設備稼働費
   ・200万円×(1 − 0.4) = 120万円（COF）

❽ 減価償却費による法人税節約額
   ・180万円* × 0.4 = 72万円（CIF）

   ＊ 減価償却費：(800万円 − 80万円) ÷ 4年 = 180万円

❾ 投資終了時のY設備（新設備）の売却収入（CIF）

> （減価償却累計額）720万円* （Y 設 備）800万円
> （現　　　　金）　80万円
> 　　　売却収入（CIF）

   ＊ 減価償却累計額：180万円 × 4 = 720万円

以上より、Y設備（新設備）の年々の税引後のキャッシュ・フローは次のようになります。

CASE18 ［問1］のY設備の税引後のキャッシュ・フロー

現 時 点	1年度末	2年度末	3年度末	4年度末
△560万円	144万円	△48万円	△48万円	32万円

現有設備の売却損益に関連する
キャッシュ・フローの計上時期

　設備投資の意思決定では、投資を行う際、現有設備の売却をともなうケースが多くあります。

　この場合、現有設備の売却損益により生じる法人税への影響をどの時点のキャッシュ・フローに計上するかが問題となります。この問題については、投資の開始時点（すなわち現時点）がどのタイミングかにより異なることになります。

　CASE18において、X設備（現有設備）の売却収入240万円および売却損により生じる法人税節約額192万円は次のように計上されます。

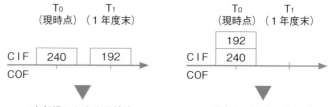

① 投資の開始（現時点）が翌期首の場合

	T₀ (現時点)	T₁ (1年度末)
CIF	240	192
COF		

売却損にともなう法人税節約額は、1年度末に計上します。

② 投資の開始（現時点）が当期末の場合

	T₀ (現時点)	T₁ (1年度末)
	192	
CIF	240	
COF		

売却損にともなう法人税節約額は、現時点に計上します。

　両者の違いは、売却損益がどの会計期間の法人税支払額に影響するかという点にあります。

① 投資の開始が翌期首であれば、売却損は1年後のP/Lに計上され、法人税への影響も1年度末に現れます。

② 投資の開始が当期末であれば、売却損は当期のP/Lに計上され、法人税への影響は現時点に現れます。

　試験上は、何も指示がなければ「投資の開始が翌期首」と判断して、第1年度末に計上するのが一般的ですが、通常は問題文に指示があるのでそれに従ってください。

● 正味現在価値法による意思決定

　両案の毎年の税引後のキャッシュ・フローが計算できれば、あとは資本コスト率10%の現価係数を掛けて現在価値合計を求め、投資額を差し引いて正味現在価値をそれぞれ求めます。そして、その値が大きいほうを採用すると判断します。

　それではCASE18について具体的に計算していきましょう。

CASE18［問2］の正味現在価値法による意思決定

(1)　X設備（現有設備）の正味現在価値

〈キャッシュ・フロー図〉 （単位：万円）

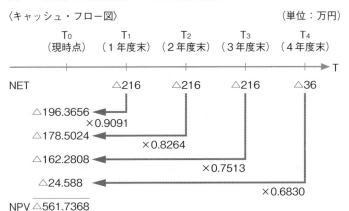

・正味現在価値：△216万円 × 0.9091 + △216万円 × 0.8264
　　　　　　　　　+ △216万円 × 0.7513 + △36万円 × 0.6830
　　　　　　　　　= △561.7368万円　→　△561万円

　以上より、X設備（現有設備）の正味現在価値は△561万円となります。

(2)　Y設備（新設備）の正味現在価値

〈キャッシュ・フロー図〉　　　　　　　　　　　　　　　　（単位：万円）

	T_0 （現時点）	T_1 （1年度末）	T_2 （2年度末）	T_3 （3年度末）	T_4 （4年度末）
NET	△560	+144	△48	△48	+32

+130.9104　←　×0.9091

△ 39.6672　←　×0.8264

△ 36.0624　←　×0.7513

+ 21.856　←　×0.6830

NPV　△482.9632

・正味現在価値：144万円×0.9091＋△48万円×0.8264
　　　　　　　　　＋△48万円×0.7513＋32万円×0.6830
　　　　　　　　　－560万円＝△482.9632万円　→　△482万円

　以上より、Y設備（新設備）の正味現在価値は△482万円となります。

(3)　両設備の正味現在価値の比較および意思決定

・△482.9632 － △561.73680 ＝ ＋78.7736万円　→　78万円
　　　Y設備　　　　　X設備

　以上より、Y設備（新設備）に取り替えたほうが正味現在価値が78万円大きいため、X設備（現有設備）をY設備（新設備）に取り替えるべきであると判断されます。

　なお、各案の正味現在価値の計算ではどちらもマイナスになりましたが、これは両案において売上収益を無関連項目として除外しているためです。したがって、正味現在価値がマイナスになったからといって両案とも採用すべきではないといった判断はしないように注意してください。

注意

参考

総額法の別解法による意思決定
《現有設備の売却に関連するキャッシュ・フローを現有設備の
キャッシュ・フロー計算に機会原価として計上する方法》

CASE18では、［問1］の問題文の指示によりY設備（新設備）の購入はX設備（現有設備）の売却を前提とすると考え、X設備（現有設備）の現時点の売却に関連するキャッシュ・フロー（キャッシュ・フロー図の❹と❻）をY設備（新設備）のキャッシュ・フロー計算に計上していますが、これをX設備（現有設備）のキャッシュ・フロー計算に計上する方法についてみていきましょう。

X設備（現有設備）を使用する場合には「X設備（現有設備）の現時点での売却収入（図❹）」と「売却損の法人税節約額（図❻）は得る機会を逸することになります。そこでこの2つをX設備（現有設備）をそのまま使用することにより失う犠牲額（すなわち機会原価）としてX設備（現有設備）のキャッシュ・フロー計算に計上します。具体的には、キャッシュ・フローのプラス・マイナスを逆転させて（CIF→COFに、COF→CIFに）計上していきます。

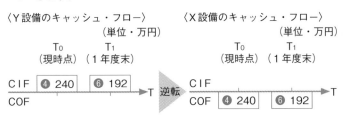

この方法では各設備投資案の正味現在価値はCASE18とは違う結果となりますが、両設備の正味現在価値の差額は変化しません。意思決定の判断は正味現在価値の差額（差額利益）によって行われるため、結論は同じになります。

(1) X設備の税引後キャッシュ・フローと正味現在価値の計算

〈キャッシュ・フロー図〉 (単位：万円)

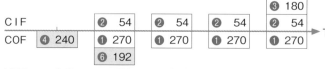
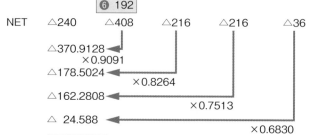

❹と❻がX設備の
キャッシュ・フ
ロー計算に組み込
まれます。
ただし、CASE18
とはプラス・マイ
ナスが逆になって
います。

	T_0(現時点)	T_1(1年度末)	T_2(2年度末)	T_3(3年度末)	T_4(4年度末)
CIF		❷ 54	❷ 54	❷ 54	❸ 180 / ❷ 54
COF	❹ 240	❶ 270 / ❻ 192	❶ 270	❶ 270	❶ 270
NET	△240	△408	△216	△216	△36

△370.9128 ← ×0.9091
△178.5024 ← ×0.8264
△162.2808 ← ×0.7513
△ 24.588 ← ×0.6830

NPV △976.284

・正味現在価値：△408万円×0.9091 ＋△216万円×0.8264

　　　　　　＋△216万円×0.7513 ＋△36万円×0.6830

　　　　　　－240万円＝△976.284万円 → △976万円

　以上より、X設備（現有設備）の正味現在価値は△976万円と
なります。

(2) Y設備の税引後キャッシュ・フローと正味現在価値の計算

〈キャッシュ・フロー図〉 (単位：万円)

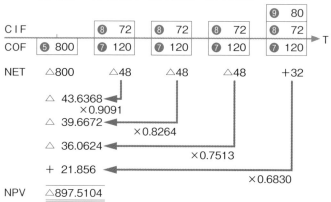

❹と❻はY設備の
キャッシュ・フ
ロー計算には入っ
てきません。

	T_0(現時点)	T_1(1年度末)	T_2(2年度末)	T_3(3年度末)	T_4(4年度末)
CIF		❽ 72	❽ 72	❽ 72	❾ 80 / ❽ 72
COF	❺ 800	❼ 120	❼ 120	❼ 120	❼ 120
NET	△800	△48	△48	△48	＋32

△ 43.6368 ← ×0.9091
△ 39.6672 ← ×0.8264
△ 36.0624 ← ×0.7513
＋ 21.856 ← ×0.6830

NPV △897.5104

・正味現在価値：△48万円 × 0.9091 + △48万円 × 0.8264
                    + △48万円 × 0.7513 + 32万円 × 0.6830
                    − 800万円 = △897.5104万円 → △897万円

　以上より、Y設備（新設備）の正味現在価値は△897万円となります。

(3) 両設備の正味現在価値の比較および意思決定

・ △897.5104万円 − △976.284万円 = 78.7736万円 → 78万円
　　Y設備　　　　　　X設備

差額はCASE18とかわりません。

　以上より、Y設備（新設備）に取り替えたほうが、正味現在価値が78万円大きいため、X設備（現有設備）をY設備（新設備）に取り替えるべきであると判断されます。

差額法による意思決定

差額法はY設備（新設備）のキャッシュ・フローからX設備（現有設備）のキャッシュ・フローを差し引いて、設備を取り替えることによる差額キャッシュ・フローを求め、この正味現在価値を計算して意思決定します。

〈キャッシュ・フロー図〉　　　　　　　　　　　　　　　　　　　　（単位：万円）

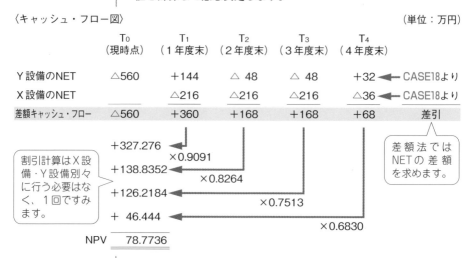

	T₀ （現時点）	T₁ （1年度末）	T₂ （2年度末）	T₃ （3年度末）	T₄ （4年度末）	
Y設備のNET	△560	+144	△48	△48	+32	◀— CASE18より
X設備のNET		△216	△216	△216	△36	◀— CASE18より
差額キャッシュ・フロー	△560	+360	+168	+168	+68	差引

差額法では NET の差額を求めます。

+327.276 ◀— ×0.9091
+138.8352 ◀— ×0.8264
+126.2184 ◀— ×0.7513
+ 46.444 ◀— ×0.6830
NPV　78.7736

割引計算はX設備・Y設備別々に行う必要はなく、1回ですみます。

・正味現在価値：360万円×0.9091 + 168万円×0.8264 + 168万円
　　　　　　　×0.7513 + 68万円×0.6830 +△560万円
　　　　　　＝78.7736万円 → 78万円

以上より、正味現在価値が+78万円なので、Y設備（新設備）に取り替えるべきであると判断します。

差額法も総額法もキャッシュ・フロー図を作成し、X設備・Y設備それぞれの純キャッシュ・フロー（NET）を求めるところまでは同じです。そのあと、総額法では、X設備・Y設備それぞれの正味現在価値（NPV）を求め、それらを比較しました。一方、差額法ではX設備とY設備の純キャッシュ・フロー（NET）の差額（差額キャッシュ・フロー）から正味現在価値を求め、意思決定をしていきます。

⇔ 問題編 ⇔
問題14、15

リースか購入かの意思決定

リースするのか、
銀行から借金して買うのか、
どちらが得になるんだろう？

ゴエモン㈱では新設備の導入を決定しました。その際、新設備をリース会社からリースして毎年リース料を支払うほうがいいのか、または銀行から借金して購入したほうがいいのか迷っています。そこで、このような設備投資の資金調達の意思決定について、いままでの計算と何が違ってくるのかみていきましょう。

> **例** ゴエモン㈱では取得原価8,000万円の新設備の導入を決定したが、この設備をリースによるか、あるいは資金を銀行から借り入れて購入するかを検討中である。次の資料にもとづいて、各問に答えなさい。

[資 料]
1. 当社の資本コスト率は税引後で18%、法人税の税率は40%とする。
2. リースの場合、年間のリース料は2,220万円であり、毎年度末に支払う。設備はリース期間満了時の5年後にリース会社に返却する（リース取引は賃貸借取引として処理する）。
3. 設備を購入する場合には、現時点に8,000万円銀行から借り入れ、その資金で設備を購入する。元金は各年度末に1,600万円ずつ5回の均等払いで返済し、利息は各年度初めの元金未返済額に対して年14%の利子率で計算した利息を各年度末に支払う。
　設備の減価償却は定率法によっており、法定耐用年数と経済的耐用年数は等しく5年である。5年後の設備の予想処分価額は取得原価の10%と見込まれる。

4．定率法における償却率は0.369とし、減価償却費の計算上生じる端数は、万円未満を四捨五入すること。

5．設備のメンテナンス料などはリースによっても購入によっても同額発生するもとのし、計算上無視する。

6．減価償却費以外の計算上生じた端数はそのまま使用し、解答数値のみ万円未満を四捨五入すること。

7．資本コスト率18%の現価係数および年金現価係数は次のとおりである。

年	現価係数	年金現価係数
1	0.8475	0.8475
2	0.7182	1.5656
3	0.6086	2.1743
4	0.5158	2.6901
5	0.4371	3.1272

[問1] リースと借入れ・購入のそれぞれの税引後キャッシュ・フローを計算しなさい。なお、キャッシュ・フローがマイナスの場合には△を付すこと。

[問2] [問1] で求めたキャッシュ・フローにもとづいて、リースと借入れ・購入のそれぞれの正味現在価値を計算し、どちらが有利であるかを答えなさい。なお、正味現在価値がマイナスの場合には△を付すこと。

● プロジェクト・キャッシュ・フローとファイナンシャル・キャッシュ・フロー

　これまで学習してきた設備投資にともなって発生するキャッシュ・フローのことを**プロジェクト・キャッシュ・フロー**といいます。一方、借入金、社債などの資金調達にともなって発生するキャッシュ・フローのことを**ファイナンシャル・キャッシュ・フロー**といいます。

　これまでの意思決定計算において、このファイナンシャル・キャッシュ・フローについて考慮せずに計算してきたように、設備投資の意思決定計算では、通常、この**ファイナンシャル・**

資金の借入れ、返済および利息の支払いなどがあります。

キャッシュ・フローは計算から除外するのが一般的です。

　なぜなら、長期的見地から行われる設備投資には、同じく長期的見地で調達された加重平均資本コスト率の資金を使用すると考えるため、ファイナンシャル・キャッシュ・フローを計算から除外しても、計算結果は変わらないからです。

　たとえば、次の具体例で確認してみましょう。

> **例**
> ・プロジェクト・キャッシュ・フロー：
> 　投資額；10,000円、1年度末のネット・
> 　キャッシュ・イン・フロー；12,000円
> ・ファイナンシャル・キャッシュ・フロー：
> 　現時点で10,000円調達、1年度末に元金
> 　と利息（10%）を返済
> ・資本コスト率：10%

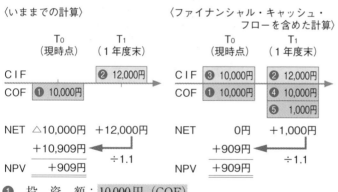

〈いままでの計算〉　　　　　〈ファイナンシャル・キャッシュ・フローを含めた計算〉

❶　投　資　額：10,000円（COF）
❷　ネット・キャッシュ・イン・フロー（CIF－COF）：12,000円（CIF）
❸　資金調達額：10,000円（CIF）
❹　資金返済額：10,000円（COF）
❺　支　払　利　息：10,000円×10%＝1,000円（COF）

　このように、ファイナンシャル・キャッシュ・フローを計算に含めても含めなくても計算結果は同じになります。ですから通常の設備投資の計算ではファイナンシャル・キャッシュ・フロー（❸～❺）は計算上除外していきます。

リースか購入かの意思決定

リースか購入かの意思決定とは、設備の導入にともなう資金調達に際し、資金を銀行から借り入れて購入するか、リース会社からリースするかを判断するような意思決定をいいます。

さきほどは、加重平均資本コスト率と借入金の利率が同じ10%だったので、ファイナンシャル・キャッシュ・フローを含めても含めなくても計算結果は同じでした。

しかしCASE19のように、加重平均資本コスト率（18%）より低い利率の資金を利用できる場合（14%）には、ファイナンシャル・キャッシュ・フローを計算に含める必要があります。

以上より、まずCASE19のキャッシュ・フローの状況を計算していきましょう。

CASE19 ［問1］ の税引後のキャッシュ・フロー

この投資案は資金調達の意思決定であり、リースによっても、借入れ・購入によっても同じ設備を導入することになります。そのため、生産・販売量はどちらの案によっても変わりませんので、売上収入は無関連項目となります。

売上収入は同じであり無関連項目となるため、売上収入に関する資料は与えられていません。

したがって、売上項目を除いた現金支出費用などの税引後のキャッシュ・フローを計算していくことになります。

(1) リース案

〈キャッシュ・フロー図〉 (単位：万円)

	T_0 （現時点）	T_1 （1年度末）	T_2 （2年度末）	T_3 （3年度末）	T_4 （4年度末）	T_5 （5年度末）
CIF						
COF		❶ 1,332	❶ 1,332	❶ 1,332	❶ 1,332	❶ 1,332
NET	—	△1,332	△1,332	△1,332	△1,332	△1,332

❶ 税引後のリース料：2,220万円 ×（1 − 0.4）= 1,332万円（COF）

(2) 借入・購入案

〈キャッシュ・フロー図〉 (単位：万円)

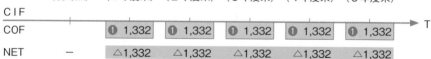

	T_0 （現時点）	T_1 （1年度末）	T_2 （2年度末）	T_3 （3年度末）	T_4 （4年度末）	T_5 （5年度末）
CIF	❷ 8,000	❹ 1,180.8	❹ 745.2	❹ 470	❹ 296.8	❼ 800 ❹ 187.2
COF	❸ 8,000	❺ 1,600 ❻ 672	❺ 1,600 ❻ 537.6	❺ 1,600 ❻ 403.2	❺ 1,600 ❻ 268.8	❺ 1,600 ❻ 134.4
NET	0	△1,091.2	△1,392.4	△1,533.2	△1,572	△747.2

❷ 銀行からの借入金：8,000万円（CIF）

❸ 設備の取得原価：8,000万円（COF）

❹ 減価償却費による法人税節約額（CIF）

 ⓐ 減価償却費（定率法）（万円未満四捨五入）

  1年度末：8,000万円 × 0.369 = 2,952万円

  2年度末：(8,000万円 − 2,952万円) × 0.369

     = 1,862.712万円 → 1,863万円

  3年度末：(8,000万円 − 4,815万円) × 0.369

     = 1,175.265万円 → 1,175万円

  4年度末：(8,000万円 − 5,990万円) × 0.369

     = 741.69万円 → 742万円

  5年度末：(8,000万円 − 800万円) − 6,732万円* = 468万円

 * 減価償却累計額：

  2,952万円 + 1,863万円 + 1,175万円 + 742万円 = 6,732万円

とても
重要

なお、減価償却方法として定率法を採用している場合、万円未満の端数処理が絡んできます。CASE19においては万円未満四捨五入という指示があるので1年度から4年度までは通常どおり計算し、端数が生じた場合、万円未満を四捨五入していきます。ただし、最終年度に関しては、通常どおり計算すると1年度から5年度の減価償却累計額が四捨五入の関係で要償却額（8,000万円−800万円＝7,200万円）を1万円上回ったり下回ったりする可能性が出てきます。したがって**最終年度の減価償却費は、要償却額から1年度から4年度までの減価償却累計額を控除する**ことにより計算します。

ⓑ　法人税節約額

1年度末：2,952万円 × 0.4 ＝ 1,180.8万円

2年度末：1,863万円 × 0.4 ＝ 745.2万円

3年度末：1,175万円 × 0.4 ＝ 470万円

4年度末：742万円 × 0.4 ＝ 296.8万円

5年度末：468万円 × 0.4 ＝ 187.2万円

なお、資料6で「減価償却費以外の計算上生じた端数はそのまま使用」とあるので、ⓐ減価償却費の計算上生じた端数は万円未満を四捨五入しますが、ⓑ減価償却費の法人税節約額の計算上生じた端数は万円未満を四捨五入しないように注意してください。

❺　借入金返済額：毎年度末 1,600万円 ずつ均等払い（COF）

（借　入　金）1,600万円　（現　　　金）1,600万円

❻　税引後の支払利息（COF）

法人税の影響は受けないので法人税率をかけて税引後のキャッシュ・フローとしないように注意してください。

元本　　　　　　返済済み

1年度末：　8,000万円　　　　　　　　 × 0.14 ×（1 − 0.4）＝ 672万円

2年度末：（8,000万円 − 1,600万円）× 0.14 ×（1 − 0.4）＝ 537.6万円

3年度末：（8,000万円 − 3,200万円）× 0.14 ×（1 − 0.4）＝ 403.2万円

4年度末：（8,000万円 − 4,800万円）× 0.14 ×（1 − 0.4）＝ 268.8万円

5年度末：（8,000万円 − 6,400万円）× 0.14 ×（1 − 0.4）＝ 134.4万円

❼ 残存処分価額（CIF）

| （減価償却累計額） 7,200万円 | （設 備） 8,000万円 |
| （現 金） 800万円 | |

処分価額（CIF）

以上より、両案の税引後のキャッシュ・フローは次のように
なります。

〈リース案〉 （単位：万円）

現時点	1年度末	2年度末	3年度末	4年度末	5年度末
――	△1,332	△1,332	△1,332	△1,332	△1,332

〈借入・購入案〉 （単位：万円）

現時点	1年度末	2年度末	3年度末	4年度末	5年度末
0	△1,091.2	△1,392.4	△1,533.2	△1,572	△747.2

● 正味現在価値による意思決定

両案の毎年の税引後のキャッシュ・フローが計算できれば、
あとは資本コスト率18％により割引計算し、正味現在価値を
求め、意思決定を行うことになります。

CASE19もCASE18と同様、売上収入が無関連項目となるこ
とから、正味現在価値は両案ともマイナスとなります。した
がってマイナスの値が小さいほうが有利と判断することになり
ます。

CASE19［問2］の正味現在価値法による意思決定

(1) リース案の正味現在価値

〈キャッシュ・フロー図〉 （単位：万円）

毎年のネット・キャッシュ・フローが同額なので資本コスト率18％の年金現価係数を使用して計算することになります。

・正味現在価値：△1,332万円×3.1272

　　　　　　　　＝△4,165.4304万円　→　△4,165万円

　以上より、リース案の正味現在価値は△4,165万円となります。

(2)　借入・購入案の正味現在価値

〈キャッシュ・フロー図〉　　　　　　　　　　　　　　　　　　　（単位：万円）

	T_0 （現時点）	T_1 （1年度末）	T_2 （2年度末）	T_3 （3年度末）	T_4 （4年度末）	T_5 （5年度末）
NET	0	△1091.2	△1392.4	△1533.2	△1572	△747.2

△　924.792　←　×0.8475

△1,000.02168　←　×0.7182

△　933.10552　←　×0.6086

△　810.8376　←　×0.5158

△　326.60112　←　×0.4371

NPV　△3,995.35792

・正味現在価値：△1,091.2万円×0.8475＋△1,392.4万円

　　　　　　　　×0.7182＋△1,533.2万円×0.6086＋△1,572万円

　　　　　　　　×0.5158＋△747.2万円×0.4371

　　　　　　　　＝△3,995.35792万円　→　△3,995万円

　以上より、借入・購入案の正味現在価値は△3,995万円となります。

(3)　両案の正味現在価値の比較および意思決定

・△3,995.35792万円－△4,165.4304万円

　　借入・購入案　　　　　　リース案

＝＋170.07248万円　→　＋170万円

　以上より、借入・購入案のほうが正味現在価値が170万円大きいため、借入・購入案のほうが有利と判断されます。

⊜ 問題編 ⊜
問題16

設備投資の意思決定の総合問題

耐用年数が異なる投資案の比較

どちらの新設備が
よいのかな？

耐用年数2年

耐用年数3年

ゴエモン㈱では新設備導入にあたって、耐用年数が2年の設備Aと3年の設備Bのどちらにするか迷っています。このように耐用年数が違う場合、どのように意思決定計算をすればよいのでしょうか。

例　ゴエモン㈱では生産能力の等しい2種類の設備A、Bのうち、どちらを購入すべきかを検討中である。次の資料にもとづいて、各問に答えなさい。

［資　料］

1．両設備のキャッシュ・フローに関するデータ

	設備A	設備B
取 得 原 価	7,000万円	10,000万円
耐 用 年 数	2年	3年
残 存 価 額	700万円	1,000万円
年間稼働費	2,500万円	2,400万円

2．両設備とも、除却の時点で残存価額で処分され、かつ反復投資される可能性が大きい。設備の減価償却は定額法によっている。また、税法上の耐用年数と経済的耐用年数は等しい。

3．年間稼働費は現金支出費用である。

4．法人税率は40％とする。なお、当社は黒字企業である。

5．税引後加重平均資本コスト率は10％である。割引率10％における現価係数は次のとおりである。

1年	2年	3年	4年	5年	6年	7年	8年
0.9091	0.8264	0.7513	0.6830	0.6209	0.5645	0.5132	0.4665

● 耐用年数が異なる投資案の比較

耐用年数が異なる投資案を比較する場合には、比較する年数をそろえて意思決定計算をします。この場合、同じ投資案に再投資する（これを反復投資といいます）ものと仮定し、両投資案の最小公倍数となる投資期間で計算することになります。

以上をふまえて、CASE20についてみていきましょう。

CASE20［問1］の正味現在価値法による意思決定

設備Aの経済的耐用年数は2年、設備Bの経済的耐用年数は3年であるため、両者の最小公倍数である6年の投資期間で両案を比較します。すなわち、設備Aには3回、設備Bには2回の投資を行うことになります。

(1) 設備Aの正味現在価値

〈キャッシュ・フロー図〉　　　　　　　　　　　　　　　　　　　　　（単位：万円）

	T_0 （現時点）	T_1 （1年度末）	T_2 （2年度末）	T_3 （3年度末）	T_4 （4年度末）	T_5 （5年度末）	T_6 （6年度末）
			❹ 700		❹ 700		❹ 700
CIF		❸ 1,260	❸ 1,260	❸ 1,260	❸ 1,260	❸ 1,260	❸ 1,260
COF	❶ 7,000	❷ 1,500	❷ 1,500	❷ 1,500	❷ 1,500	❷ 1,500	❷ 1,500
			❶ 7,000		❶ 7,000		
NET	△7,000	△240	△6,540	△240	△6,540	△240	+460

122

❶ 設備Aの取得原価：7,000万円（COF）
❷ 税引後設備稼働費：2,500万円×（1 − 0.4）
　　　　　　　　　　　＝ 1,500万円（COF）
❸ 減価償却費による法人税節約額
　　・減価償却費：（7,000万円 − 700万円）÷ 2年 ＝ 3,150万円
　　・法人税節約額：3,150万円 × 0.4 ＝ 1,260万円（CIF）
❹ 残存処分価額：700万円（CIF）
　毎年の税引後のキャッシュ・フローが計算できたら、資本コスト率10%で割り引き、設備Aの正味現在価値を求めます。
・正味現在価値：△240万円 × 0.9091 ＋ △6,540万円 × 0.8264
　　　　　　　　＋ △240万円 × 0.7513 ＋ △6,540万円 × 0.6830
　　　　　　　　＋ △240万円 × 0.6209 ＋ 460万円 × 0.5645
　　　　　　　　− 7,000万円 ＝ △17,159.318万円
　　　　　　　　→ △17,159万円
　以上より、設備Aの正味現在価値は△17,159万円となります。

(2)　設備Bの正味現在価値

〈キャッシュ・フロー図〉　　　　　　　　　　　　　　　　　　　（単位：万円）

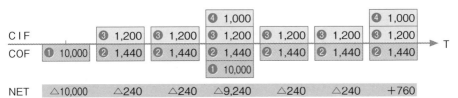

❶ 設備Bの取得原価：10,000万円（COF）
❷ 税引後設備稼働費：2,400万円×（1 − 0.4）
　　　　　　　　　　　＝ 1,440万円（COF）
❸ 減価償却費による法人税節約額
　　・減価償却費：（10,000万円 − 1,000万円）÷ 3年
　　　　　　　　　＝ 3,000万円
　　・法人税節約額：3,000万円 × 0.4 ＝ 1,200万円（CIF）

❹　残存処分価額：1,000万円（CIF）

　毎年の税引後のキャッシュ・フローが計算できたら、資本コスト率10％で割り引き、設備Bの正味現在価値を求めます。

・正味現在価値：△240万円 × 0.9091 ＋ △240万円 × 0.8264
　　　　　　　　＋ △9,240万円 × 0.7513 ＋ △240万円 × 0.6830
　　　　　　　　＋ △240万円 × 0.6209 ＋ 760万円 × 0.5645
　　　　　　　　－ 10,000万円 ＝ △17,242.448万円
　　　　　　　　→　△17,242万円

　以上より、設備Bの正味現在価値は△17,242万円となります。

　なお、CASE20では問題文で「生産能力の等しい2種類の設備」とあるので、設備A、設備Bのいずれの設備を導入したとしても製品売上収入は変わりません。したがってこの意思決定計算にとって製品売上収入は無関連項目となり、キャッシュ・フローの計算から除外していきます。

(3)　設備Aと設備Bの正味現在価値の比較および意思決定

・△17,159.318万円 － △17,242.448万円 ＝ ＋83.13万円　→　＋83万円
　設備Aの正味現在価値　設備Bの正味現在価値

　以上より、設備Aの正味現在価値のほうが83万円大きいため、設備Aを導入すべきと判断します。

優劣分岐点分析

　CASE 4でもみたように、意思決定の計算問題ではよく優劣分岐点分析が出題されます。

　［問2］では、設備Bの年間設備稼働費をX万円とおいて、毎年のキャッシュ・フローを把握し、その正味現在価値が［問1］で求めた設備Aの正味現在価値より大きくなるようなXを求めていきます。

　それではCASE20について具体的に計算していきましょう。

CASE20 ［問2］の優劣分析点分析

〈キャッシュ・フロー図〉 　　　　　　　　　　　　　　　　　　　　　　　　　　　（単位：万円）

	T₀ (現時点)	T₁ (1年度末)	T₂ (2年度末)	T₃ (3年度末)	T₄ (4年度末)	T₅ (5年度末)	T₆ (6年度末)
				④ 1,000			④ 1,000
CIF		③ 1,200	③ 1,200	③ 1,200	③ 1,200	③ 1,200	③ 1,200
COF	① 10,000	② 0.6X	② 0.6X	② 0.6X	② 0.6X	② 0.6X	② 0.6X
				① 10,000			
NET	△10,000	+1,200 △0.6X	+1,200 △0.6X	△7,800 △0.6X	+1,200 △0.6X	+1,200 △0.6X	+2,200 △0.6X

❶ 設備Bの取得原価：10,000万円（COF）

❷ 税引後設備稼働費：X万円×（1 − 0.4）

　　　　　　　　　　　= 0.6X万円（COF）

❸ 減価償却費による法人税節約額：1,200万円（CIF）

❹ 残存処分価額：1,000万円（CIF）

　毎年の税引後のキャッシュ・フローが計算できたら、資本コスト率10%で割り引き、設備Bの正味現在価値を求めます。

・正味現在価値：$(1,200万円 − 0.6X万円) × 0.9091 + (1,200万円 − 0.6X万円) × 0.8264 + (△7,800万円 − 0.6X万円) × 0.7513 + (1,200万円 − 0.6X万円) × 0.6830 + (1,200万円 − 0.6X万円) × 0.6209 + (2,200万円 − 0.6X万円) × 0.5645 − 10,000万円 = △10,970.96万円 − 2.61312X万円$

割引計算について

　毎年のキャッシュ・フローを1つずつ割引計算するのは時間もかかりますし、計算ミスもしがちなので、同額のキャッシュ・フローはまとめて計算するのが効率的です。

$1,200万円 × (0.9091 + 0.8264 + 0.6830 + 0.6209) − 0.6X万円 × (0.9091 + 0.8264 + 0.7513 + 0.6830 + 0.6209 + 0.5645) − 7,800万円 × 0.7513 + 2,200万円 × 0.5645 − 10,000万円 = △10,970.96万円 − 2.61312X万円$

最後に、設備Bの正味現在価値が［問1］で求めた設備Aの正味現在価値よりも大きくなるXを求めます。

$$\underline{\triangle 10{,}970.96\text{万円} - 2.61312X\text{万円}} \gt \underline{\triangle 17{,}159.318\text{万円}}$$

設備Bの正味現在価値　　　　　　設備Aの正味現在価値

$$6{,}188.358\text{万円} \gt 2.61312X\text{万円}$$

$$2{,}368.18745\text{万円} \gt X$$

$$\therefore X = 2{,}368\text{万円}$$

以上より、設備Bの年間稼働費が2,368万円以下であれば設備Bのほうが有利となります。

⇔ 問題編 ⇔

問題17

第3章

戦略的管理会計

最近はモノを作って売るだけではお客さんに満足してもらえないみたい。
これからは企画開発からアフターケアまでの
すべての原価を管理することが重要な時代になってきたんだ!

現代では、多品種少量生産、工場の自動化、情報化が進み、
製造業を取り囲む環境はかつてないほど大きく変わりました。
そうしたなかで原価構造も変化し
経営管理の仕組みも変化しつつあります。
そこで、この章ではこのような環境変化に対応して
近年になって注目を浴びるようになった
管理会計の新たな領域についてみていきましょう。

この章で学習する項目

1. ライフサイクル・コスティング
2. 原価企画・原価維持・原価改善
3. 品質原価計算
4. 活動基準原価計算

1級
新
論点

ライフサイクル・コスティング

製品の一生涯か…
新しい考え方だな。

社外費
研究・開発

生産・製造

×運送
運用・支援

近年、企業は絶えず競争的な価格と品質をもった新製品を開発しなければ市場の競争を生き残れません。消費者のニーズの多様化や、製品寿命の短縮化が関係しているようです。そこで登場した新しい原価管理手法である、ライフサイクル・コスティングについてみていきます。

例 ゴエモン㈱は新しく電子製品を開発しようとしている。そこで資料にもとづいて、各年度の予算ライフサイクル収益および予算ライフサイクル・コストを計算し、予算ライフサイクル営業利益がいくらになるかを答えなさい。

［資　料］

	×1年度	×2年度	×3年度
販売価格（1台あたり）		500円	400円
販売台数		10台	5台
変 動 費（1台あたり）			
製　造　原　価		200円	100円
固 定 費（総額）			
製　造　原　価		700円	600円
研　究　開　発　費	800円	600円	
顧 客 サ ー ビ ス 費		200円	200円

● ライフサイクル・コストとは

ライフサイクル・コストとは、製品やシステムの研究・開発から廃棄処分されるまで、すなわちその製品の一生涯（ライフ

サイクル）にわたるコストのことをいい、研究・開発コスト、生産・構築コスト、運用・支援コスト、退役・廃棄コストからなっています。

ライフサイクル・コスティングの必要性

　企業が生産・販売する製品には、単に製造コストだけでなく、研究開発から最終的な顧客サービスの終了までの各段階においてさまざまなコストが発生します。

　そのため、ライフサイクル・コストを予測し、これを製品ごとに集計することによって、その製品の一生涯における収益性の判断を行うことが重要となります。

製品のライフサイクル・コストを測定し分析する計算手法をライフサイクル・コスティングといいます。

ライフサイクル収益からライフサイクル・コストを控除することでライフサイクル営業利益を求めることができます。

ライフサイクル・コストの分類

　ライフサイクル・コストは、その発生段階別に次のように分類されます。

ライフサイクル・コスト	研究・開発コスト		市場分析などの製品企画費
			製品システムや製造工程の設計費、それらのソフトウェア・コスト、システムの試験・評価コスト
	生産・構築コスト		製造用の材料費、労務費、経費などの生産コスト
			生産施設、特殊試験施設、保全修理施設、貯蔵倉庫の購入費、新設費、改造費
	運用・支援コスト	供給者	システムや製品の広告費、運送費、倉庫費、顧客サービス・コストなどの販売費
		購入者	運用費・保全費・訓練費
	退役・廃棄コスト		修理不能部分の廃棄、システムや製品の最終的退役コスト

以上より、CASE21の各年度の予算ライフサイクル収益、予算ライフサイクル・コストおよび予算ライフサイクル営業利益は次のとおりです。

CASE21のライフサイクル・コスト

	×1年度	×2年度	×3年度	合　計
予算ライフサイクル収益		5,000円	2,000円	7,000円
予算ライフサイクル・コスト				
製　造　原　価		2,700円 *1	1,100円 *2	3,800円
研　究　開　発　費	800円	600円		1,400円
顧客サービス費		200円	200円	400円
予算ライフサイクル営業利益	△800円	1,500円	700円	1,400円

＊1　200円×10台＋700円＝2,700円

＊2　100円× 5 台＋600円＝1,100円

 ## トータル・コストの計算

また、近年は消費者側も、購入時点の取得原価だけでなく、その後生じるランニング・コスト（運用費）やメンテナンス・コスト（保全費）、廃棄処分費などを考慮したうえで、製品を選択しています。つまり、消費者のニーズに合う製品供給を行うためにも、製品のライフサイクル・コストを計算することが重要となってきているのです。なお、消費者側が負担するライフサイクル・コストの合計額をトータル・コストといいます。

仮に、次の条件の場合に、顧客が当該電子製品を 1 台購入する際のトータル・コストは、次のようになります。

```
［条　件］
　取得原価：500円
　耐用年数： 4年
　保 険 料：50円/年
　電 力 量：400kwh/年
　電 力 料： 1円/kwh
　廃棄費用：50円（耐用年数終了後に発生）
```

トータル・コストの計算

```
取得原価：　　　　　　　　　　　　　　500円
保 険 料：50円× 4年　　　　　＝ 200円
電 力 料：400kwh× 1円× 4年　＝1,600円
廃棄費用：　　　　　　　　　　　　　　 50円
トータル・コスト　　　　　　　　　 2,350円
```

CASE 22 原価企画・原価維持・原価改善

次は原価企画だ！

ゴエモン㈱では、製品の生産段階だけでなく、企画開発からアフターサービスまでのすべての原価を、絶えず削減しコントロールするといった幅広い原価管理活動を行うことにしました。

例 次の資料にもとづいて、ゴエモン㈱が製造する製品Aの翌年度の目標原価を①許容原価と②成行原価で求めなさい。

[資　料]
1. 製品Aの予想市場価格は1,000円である。
2. 製品Aの翌年度の目標利益は400円である。
3. 製品Aの製造原価は以下のとおりであった。

　　直接材料費300円　　加工費500円

> 製造が人手に依存していたため、生産開始後の能率管理のために、標準原価計算が最も効果的な原価管理であると考えられていました。

> 大量生産される前の段階で、あらかじめ製品の原価を設定しておくことがポイントです。

● 標準原価計算の原価管理機能の低下

　従来行われてきた原価管理では、主に製造原価について、実際原価を標準原価に一致させるために、原価の実際発生段階においてその発生額を適切にコントロールしようとする、標準原価計算が最も効果的な原価計算手法であるとされてきました。

　ところが近年においては、製造工程はコンピューターに管理された機械や設備によってほとんどが自動化されており、発生する原価の大部分はその製品の設計段階においてほぼ決まってしまいます。

　そこで、原価管理の重要性は設計段階でいかに原価を作り込めるかといった上流からの管理が中心となり、新たな原価管理体系として、**原価企画・原価維持・原価改善**が登場しました。

企画・開発・設計段階		製造段階	
①原価企画		②原価維持	③原価改善
目標利益確保のために設定された目標原価の作り込み	→	標準原価管理による標準原価の維持	標準原価を下回る原価水準の達成

標準化の組み込み

原価企画とは

原価企画とは、製品の企画・開発・設計の段階において、目標利益の確保を目的として、原価を作り込む活動をいいます。原価企画によって、目標となる原価（目標原価）を設定します。

企業は、どのくらいのコストで製品を作れば、目標となる利益が獲得できるのかを考え、原価を設定していきます。

目標原価の設定

目標原価の設定方法には、予想市場価格から目標となる利益を控除して計算する**控除法**があります。控除法で求めた原価を**許容原価**といい、次の式で求めます。

> マーケット・インに基づく方法です。

> 理想的には、許容原価を目標原価とすべきとされています。

$$許容原価＝予想市場価格－目標利益$$

CASE22の許容原価

・許容原価：1,000円 － 400円 ＝ 600円
　　　　　　予想市場　　目標利益
　　　　　　価格

また、現状の技術を前提としてかかるコストを見積ることによって計算する方法を**加算法（積上法）**といいます。そして、加算法で求めた原価を**成行原価**といい、次の式で求めます。

> プロダクト・アウトに基づく方法です。

$$成行原価＝直接材料費＋加工費$$

・成行原価：300円＋500円＝800円

      直接   加工費
      材料費

なお、許容原価と成行原価を比較することで削減すべき原価を求めることができます。

ところで、原価の削減を実現する方法の1つに**バリュー・エンジニアリング（VE）**があります。VEとは、製品やサービスの「価値」を、それが果たすべき「機能」とそのためにかける「コスト」との関係で把握し、「価値」の向上を図る手法です。

コストダウンを図るだけではなく、機能とコストの両面から、価値の向上を図ることが目的です。VEは、**価値連鎖**の上流から下流まで全体にわたって行うことが理想的です。

$$価値＝\frac{機能}{原価（コスト）}$$

> バリュー・エンジニアリング（VE）では、顧客の要求や期待を「機能」と捉えます。品質を下げて安易に「原価」を下げることなく「機能」を高める（確保する）ことを重視します。

> 価値連鎖とは、研究開発、購買、製造、顧客サービスなど、顧客にとっての価値を創造する活動のつながりをいい、バリューチェーンともよばれます。

原価維持とは

原価維持とは、製品の製造段階において、原価企画によって設定された目標原価を標準原価として引継ぎ、発生する場所・責任者別に割り当て、それらの実際発生額を一定の幅の中に収まるように、従来の標準原価計算や予算管理を通して維持する活動をいいます。

原価改善とは

原価改善とは、製品の製造段階において、標準原価設定の前提（製品設計や生産諸条件）を変更し、標準原価を下回る原価水準を達成するための活動をいいます。

近年の原価管理体系

原価企画・原価維持・原価改善の3つの原価管理は一体と

なって効果を発揮するものです。従来、原価管理といえば製造
段階が重要視されていましたが、企業環境の変化や国際競争が
厳しい近年においては、原価構造を決定づける企画・開発・設
計段階に重点が移ってきています。

品質原価計算

高品質・低価格を実現するためには、品質原価計算がいいんだって。

未検品

ゴエモン㈱では、競合他社に打ち勝つために高品質と低価格を看板に各製品を販売することにしました。
そこで品質と原価の関係について調べてみたところ品質原価計算が効果的であることがわかりました。いったい品質原価計算とはどのような方法なのでしょうか。

> **例** ゴエモン㈱の付属資料にもとづいて、下記の文章の [　] の中には適切な用語を、（　）の中には適切な数値（×1年度と×2年度との差額）を計算し、記入しなさい。

当社では、従来製品の品質管理が不十分であったので、企業内のさまざまな部門で重点的に品質保証活動を実施するため「予防─評価─失敗アプローチ」を採用し、その結果を品質原価計算で把握することにした。

2年間にわたるその活動の成果にはめざましいものがあり、×1年度と×2年度を比較すると、［ ① ］原価と［ ② ］原価の合計は、上流からの管理を重視したために×1年度よりも（ ③ ）万円だけ増加したが、逆に下流で発生する［ ④ ］原価と［ ⑤ ］原価との合計は×1年度よりも（ ⑥ ）万円も節約され、その結果全体として品質保証活動費の合計額は×1年度よりも1,800万円も減少させることに成功した。

品質原価計算とは

　品質原価計算とは、より低い原価で高い品質を達成するために、製品の品質に関連する原価を集計し、これを分析するための原価計算をいいます。

　現代企業では、**品質調査費**や**製品補修費**などの多額の**品質関連原価**が発生するため、品質原価計算を実施することにより品質を落とさずに多額の原価節約が可能になります。

品質原価の分類

　品質原価計算を行う場合、**予防—評価—失敗アプローチ**とよばれる手法が広く普及しており、この手法によれば原価は、(1)**品質適合コスト**と(2)**品質不適合コスト**に分類されます。

(1) 品質適合コスト

　品質適合コストとは、製品の品質不良が発生しないようにするために必要な原価をいいます。この品質適合コストはさらに**予防原価**と**評価原価**に分類されます。

・予防原価：予防原価とは、製品の**品質不良の発生を予防**するための活動の原価をいいます。
・評価原価：評価原価とは、製品の**品質不良の有無を発見**するための活動の原価をいいます。

(2) **品質不適合コスト**

　品質不適合コストとは製品の品質不良が発生してしまったために必要となる原価をいいます。この品質不適合コストはさらに**内部失敗原価**と**外部失敗原価**に分類されます。

・内部失敗原価：内部失敗原価とは、**製品の出荷前に**不良品が発生した場合に生じる原価をいいます。
・外部失敗原価：外部失敗原価とは、**製品の出荷後に**不良品が発生した場合に生じる原価をいいます。

品質原価の具体例			
品質原価	品質適合コスト	予防原価	品質保証教育訓練費
			品質管理部門個別固定費
			製品設計改善費
			製造工程改善費
		評価原価	購入材料の受入検査費
			各工程の中間品質検査費
			製品の出荷検査費
			自社製品の出荷後のサンプリング、時系列による品質調査費
			他社製品の品質調査費
	品質不適合コスト	内部失敗原価	仕損費
			手直費
		外部失敗原価	クレーム調査出張旅費
			取替え・引取運送費
			返品廃棄処分費
			損害賠償費
			値引・格下げ損失
			製品補修費

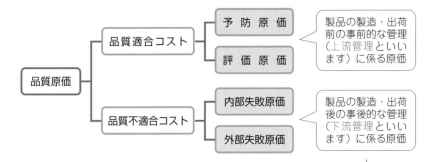

品質原価計算の目的

　品質原価計算の目的は、予防原価、評価原価、内部失敗原価、外部失敗原価の相関関係を把握し、品質に関するコストをどのようにかけていくかの意思決定に役立つ情報を入手することにあります。

　品質原価は、積極的に**品質適合コストをかければかけるほど、品質不適合コストの発生を少なく**することができ、逆に、**品質適合コストを節約してしまうと、品質不適合コストが巨額に発生**してしまうというトレード・オフの関係があります。

　このトレード・オフの関係から適合品質を維持しつつ、製品単位あたりの品質原価（品質適合コストと品質不適合コストの合計）が最小となる最適点の品質原価（最適品質原価）を求めるとともに、最適品質水準を把握することが品質原価計算の目的です。

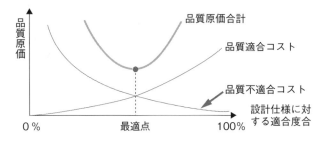

　以上より、CASE23について原価を分類・計算してみましょう。

　まず、付属資料に記載されている原価を分類し、×1年度と×2年度を比較して、それぞれの原価の増減額を計算します。

（単位：万円）

	×1年度	×2年度	増減額	原価の分類
不 良 品 手 直 費	850	250	△600	内部失敗原価
仕　　損　　費	1,100	100	△1,000	内部失敗原価
販 売 製 品 補 修 費	350	150	△200	外部失敗原価
工 程 完 成 品 検 査 費	640	820	＋180	評　価　原　価
品 質 保 証 教 育 費	80	180	＋100	予　防　原　価
返 品 廃 棄 処 分 費	1,300	300	△1,000	外部失敗原価
受 入 材 料 検 査 費	60	80	＋20	評　価　原　価
他 社 製 品 品 質 調 査 費	170	220	＋50	評　価　原　価
製 品 設 計 改 善 費	700	1,350	＋650	予　防　原　価
品質保証活動費合計	5,250	3,450	△1,800	

　それでは①～⑥について考えていきましょう。

　まず、①、②については「上流からの管理」とあることからそれぞれ**予防**と**評価**が入り、③には予防原価と評価原価の増減額（　　部分）の合計**1,000**が入ります。

　つづいて、④、⑤については「下流で発生する」とあることから、**内部失敗**と**外部失敗**が入り、⑥には内部失敗原価と外部失敗原価の増減額（　　部分）の合計**2,800**が入ります。

品質適合コストが増加すると品質不適合コストが減少するという、両者のトレード・オフ関係を理解しておくと分類しやすいよ。

◎ 問題編 ◎
問題18

CASE 24

戦略的管理会計

活動基準原価計算

最近、サポートコストが増加してきたなぁ。効果的に管理する必要があるな。

製品設計費

取替費

製品配送費

ゴエモン㈱では顧客ニーズに対応するため多品種少量生産を進めています。加工作業は機械により自動化してきましたが、最近、加工作業以外の多くのサポート活動も増えています。その結果、工場で発生する原価の構成が変化し、製造間接費が増加してきました。

そこで、いかに正確に製造間接費を配賦し効果的に管理できるか調べることにしました。

例 次の資料にもとづいて、各問に答えなさい。

［資　料］製造間接費配賦基準のデータ

	製品A	製品B	製品C	合　計
生　産　量	40,000個	30,000個	10,000個	80,000個
原材料消費量	5 kg/個	5 kg/個	10kg/個	450,000kg
直接作業時間	4時間/個	6時間/個	2時間/個	360,000時間
機械作業時間	4時間/個	2時間/個	6時間/個	280,000時間
生　産　回　数	20回	30回	50回	100回
発　注　回　数	100回	150回	250回	500回
配　送　数	8回	18回	54回	80回
製造指図書枚数	48枚	32枚	80枚	160枚
製造間接費				
段　取　費				26,000円
機械関連費				616,000円
購入関連費				333,200円
梱　包　費				212,800円
技　術　費				324,000円
合　計				1,512,000円

[問1] 当社は従来から伝統的な単一の操業度関連配賦基準を用いて製造間接費を配賦してきた。そこで、この場合の各製品に配賦すべき製造間接費を計算しなさい。なお当社は配賦基準として直接作業時間を用いている。

[問2] 活動基準原価計算によった場合の各製品に割り当てるべき製造間接費を計算しなさい。その場合、新たな配賦基準としては段取費については生産回数、機械関連費については機械作業時間、購入関連費については発注回数、梱包費については配送数、技術費については製造指図書枚数とする。

[問3] [問2] の活動基準原価計算による各製品への製造間接費配賦額と比較した場合 [問1] の直接作業時間基準による製造間接費配賦額に含まれる内部相互補助の金額をそれぞれ答えなさい（過大な配賦なら＋の符号を、過小な配賦なら△の符号を付すこと）。

🔴 活動基準原価計算とは

活動基準原価計算（activity-based costing：ABC）とは、工場で行われるさまざまな活動ごとに原価を集計し、製品に割り当てる方法をいいます。

ここで**活動**とは、製品を生産するために必要な作業をいいます。これまでは工場で行われる活動としてもっとも重要なのは加工作業であると考えられてきました。

しかし、機械化が進んだことにより、加工作業はもっとも手間のかかる活動とはいえなくなりつつあります。代わりに多品種少量生産化にともない、製品の生産を支援する活動（これを**サポート活動**といいます）が重要になってきました。これらのサポート活動に要する原価（これを**サポート・コスト**といいます）が製造間接費を増加させているのです。

これらのサポート・コストをいかに正確に製品に集計するかが重要な課題となり、そこで考え出された計算方法が活動基準原価計算です。

> 具体的には製品の設計材料などの購買、段取り、機械のメンテナンス、品質管理などです。

活動基準原価計算の仕組み

それでは、伝統的な製造間接費の配賦計算と対比しつつ、活動基準原価計算の仕組みを確認していきましょう。

伝統的な製造間接費の配賦計算では、まず製造間接費を各部門ごとに集計し、続いて補助部門費を製造部門に配賦します。

これによって製造間接費はすべて製造部門に集計されることになり、これを操業度に関連した配賦基準によって各製品に配賦します。

テキストⅠで学習した部門別配賦を想定しています。

具体的には直接作業時間や機械作業時間です。

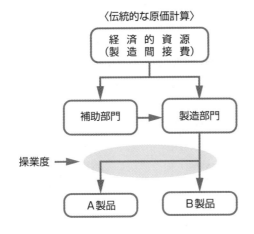

〈伝統的な原価計算〉

経 済 的 資 源
（製 造 間 接 費）

補助部門　→　製造部門

操業度 →

A製品　　B製品

それでは具体的に計算してみましょう。

CASE24 ［問1］の伝統的な製造間接費の配賦計算

伝統的な製造間接費の配賦計算では、製造間接費合計1,512,000円を直接作業時間を基準に一括的に配賦します。

$$\cdot \ \frac{1{,}512{,}000\text{円}}{360{,}000\text{時間}} \ (=4.2\text{円}/\text{時間}) \times \begin{cases} 40{,}000\text{個}\times 4\text{時間}/\text{個}=672{,}000\text{円（製品A）} \\ 30{,}000\text{個}\times 6\text{時間}/\text{個}=756{,}000\text{円（製品B）} \\ 10{,}000\text{個}\times 2\text{時間}/\text{個}=\ \ 84{,}000\text{円（製品C）} \end{cases}$$

以上より、製品Aに672,000円、製品Bに756,000円、製品Cに84,000円が配賦されます。

これに対して活動基準原価計算では、部門ごとではなく、そこで行われるさまざまな**活動**ごとに原価を集計し、そこから各製品に集計します。また活動から製品への原価の集計にあたっ

コスト・ドライバーとは原価を変化させる要因をいいます。

伝統的な製造間接費の配賦計算ですね。

「配賦する」といわないで「割り当てる」といっているのは、活動基準原価計算によって正確な計算が可能となるので、伝統的な方法による不正確な配賦計算とは区別しようという意味があるからです。

製造間接費だけではなく、販売費や一般管理費に活動基準原価計算を用いることで、販売費や一般管理費を顧客ごとに割り当てることができます。

て、各活動の**コスト・ドライバー**を配賦基準として用います。

　製造間接費を正確に製品に割り当てるためには製造間接費の発生と関連の深い値を配賦基準として用いるべきです。ここで、加工作業（直接工の作業や機械作業）にかかる原価は操業度との関連が深いと考えられますので、それを基準として製品に割り当てることに問題はありません。

　これに対してサポート・コストの多くは、必ずしも操業度に応じて発生するものではありません。むしろそれぞれに固有のコスト・ドライバーとの関連が深いと考えられます。そうであれば、各活動ごとにそのコスト・ドライバーを基準として製品に割り当てたほうが正確な結果が得られることになります。

活動とコスト・ドライバーの具体例	
活　動	コスト・ドライバー
段 取 り	段取回数
材料運搬	運搬回数
材料発注	発注回数
機械作業	機械作業時間
製品設計	製造指図書枚数
品質管理	検査回数
製品配送	配送数

　以上より、活動基準原価計算は製造間接費を活動ごとに集計し、コスト・ドライバーによって直接製品に割り当てる方法であるといえます。

　それでは、活動基準原価計算により製造間接費を製品に割り当てていく流れをみていきましょう。

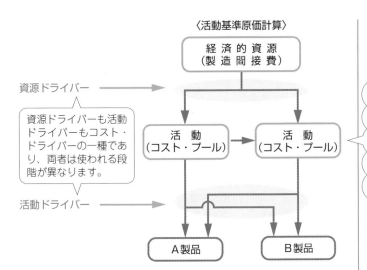

〈活動基準原価計算〉

経 済 的 資 源
（製 造 間 接 費）

資源ドライバー →

資源ドライバーも活動
ドライバーもコスト・
ドライバーの一種であ
り、両者は使われる段
階が異なります。

活　動
（コスト・プール）　→　活　動
（コスト・プール）

活動ドライバー →

A製品　　　B製品

コスト・プールと
は活動ごとに集計
された金額であ
り、たとえば、段
取費＝段取作業の
コスト・プールと
いうことです。

　資源ドライバーとは、各活動がどれだけの経営資源（ヒト、モノ、その他の原価財）を消費したかを表す数値をいいます。活動基準原価計算ではまず、製造間接費を資源ドライバー量によって各活動に集計します。

　つづいて、各活動別に集計された原価を活動ドライバー量によって各製品に集計します。**活動ドライバー**とは、各製品がどれだけの活動を消費したかを表す数値をいいます。

　それでは、CASE24について計算していきましょう。

製造間接費の予定
配賦に、活動基準
原価計算を用いる
ことで、各活動の
コストドライバー
を基準とした、各
製品への予定配賦
が可能となり、よ
り適切な原価計算
が可能になりま
す。

　活動基準原価計算では、活動ごとに分類された製造間接費を活動ドライバーによって各製品に集計していきます。

・段取費（活動ドライバー：生産回数）：

$$\frac{26,000\,円}{100\,回}\,(=260\,円/回)\times \begin{cases} 20\,回 = 5,200\,円\,（製品A） \\ 30\,回 = 7,800\,円\,（製品B） \\ 50\,回 = 13,000\,円\,（製品C） \end{cases}$$

・機械関連費（活動ドライバー：機械作業時間）：

$$\frac{616,000\,円}{280,000\,時間}\,(=2.2\,円/時間)\times \begin{cases} 40,000\,個\times 4\,時間/個 = 352,000\,円\,（製品A） \\ 30,000\,個\times 2\,時間/個 = 132,000\,円\,（製品B） \\ 10,000\,個\times 6\,時間/個 = 132,000\,円\,（製品C） \end{cases}$$

・購入関連費（活動ドライバー：発注回数）：

$$\frac{333,200\,円}{500\,回}\,(=666.4\,円/回)\times \begin{cases} 100\,回 = 66,640\,円\,（製品A） \\ 150\,回 = 99,960\,円\,（製品B） \\ 250\,回 = 166,600\,円\,（製品C） \end{cases}$$

・梱包費（活動ドライバー：配送数）：

$$\frac{212,800\,円}{80\,回}\,(=2,660\,円/回)\times \begin{cases} 8\,回 = 21,280\,円\,（製品A） \\ 18\,回 = 47,880\,円\,（製品B） \\ 54\,回 = 143,640\,円\,（製品C） \end{cases}$$

・技術費（活動ドライバー：製造指図書枚数）：

$$\frac{324,000\,円}{160\,枚}\,(=2,025\,円/枚)\times \begin{cases} 48\,枚 = 97,200\,円\,（製品A） \\ 32\,枚 = 64,800\,円\,（製品B） \\ 80\,枚 = 162,000\,円\,（製品C） \end{cases}$$

　以上より、各製品に集計される製造間接費は次のようになります。

・製品A：5,200円 + 352,000円 + 66,640円 + 21,280円
　　　　　 + 97,200円 = 542,320円
・製品B：7,800円 + 132,000円 + 99,960円 + 47,880円
　　　　　 + 64,800円 = 352,440円
・製品C：13,000円 + 132,000円 + 166,600円 + 143,640円
　　　　　 + 162,000円 = 617,240円

● 内部相互補助

　伝統的方法によると、活動基準原価計算に比べて、大量生産品である製品A、Bの製造間接費が高く、少量生産品である製品Cの製造間接費が低くなっています。

　これは、伝統的方法によればすべての製造間接費を操業度関連の配賦基準を用いて配賦するため、サポート活動を多く必要とする少量生産の特殊な製品であっても、そうでない大量生産の標準製品であっても、製品単位あたりの操業度が同じであれば同額の製造間接費が配賦されてしまい、サポート活動の利用の差が製造間接費配賦額に反映されていないからです。

　なお、製品A・Bと製品Cを比較すると、段取り・購買・技術などのサポート活動は、製品Cのほうが多くなっています。

　これは製品A・Bが大量生産の標準製品であり、同じ仕様の製品をまとめて大量に作ることができるのに対して、製品Cは少量生産品であって、顧客ごとに仕様の異なる製品を少しずつ生産せざるをえないためです。

　以上より、伝統的方法では操業度によって製造間接費を配賦するため、**大量生産の製品が少量生産の製品のコストを肩代わりする原価の内部相互補助**が行われてしまい、**企業の意思決定を誤った方向に導く危険性**があります。

　これに対して活動基準原価計算によれば、各製品はおのおのが発生させた分の原価を負担することになるので正確な原価が計算されることになります。

いままで学習してきた直接作業時間などで製造間接費を一括に配賦する計算によると、少量生産品が発生させたサポートコストを大量生産品に多く負担させる（原価の内部相互補助）結果となるので、正確な製造原価計算とはいえないんだね。

以上について、CASE24で確認してみましょう。

CASE24［問3］の原価の内部相互補助

各製品に配賦・割り当てられた製造間接費を［問1］と［問2］で比較すると、原価の内部相互補助の金額が明らかになります。

	伝統的方法 ［問1］	活動基準原価計算 ［問2］	差　額 ［問1］−［問2］	製品単位あたり 内部相互補助額	内　容
製品A	672,000円	542,320円	＋129,680円	@3.242円	過大な配賦
製品B	756,000円	352,440円	＋403,560円	@13.452円	過大な配賦
製品C	84,000円	617,240円	△533,240円	@53.324円	過小な配賦
			0円		

問題編
問題19〜21

問題編

第1章　業務的意思決定

問題 1　特別注文引受可否の意思決定　　　　解答…P.36　基本 応用

　当社では、製品Aの製造・販売を行っている。次の資料にもとづいて、下記の設問に答えなさい。

［資　料］
1. 製品Aの原価標準

    直接材料費　　　 380円/kg×　　　　2 kg/個＝　760円
    直接労務費　　1,600円/時間×0.5時間/個＝　800円
    製造間接費　　1,800円/時間×0.8時間/個＝<u>1,440円</u>
    　　　　　　　　　　　　　　　　　　　　　3,000円

   （注）製造間接費予算額のうち、固定製造間接費は、9,600,000円である。基準操業度は、期待実際操業度12,000時間であり、実際的生産能力は15,000時間である。

2. 現在の製品Aの製造販売量は15,000個であり、販売単価は、4,000円である。また変動販売費として製品1個あたり200円、固定販売費として3,000,000円発生する。なお、変動販売費は、販売員手数料と物品運送費からなり、それぞれ製品1個あたり160円と40円である。

3. いま、新たに製品A 3,500個を1個あたり3,000円で購入したいという注文があった。なお、この注文主はこの条件でなければキャンセルするという。またこの注文を引き受けることによる直接作業時間の増加分については、200円/時間の時間外手当を支払うことになる。ただし、新規注文に対する販売員手数料は発生しない。

問1　上記の資料にもとづいて、この注文を引き受けるべきか否かを答えなさい。
問2　新規注文を引き受ける場合、現在の販売量15,000個の販売単価を4,000円から3,800円に引き下げなければならない。この条件を加味したうえで、新規注文を引き受けるべきか否かを答えなさい。
問3　新規注文を引き受ける場合、現在の販売量15,000個の販売単価4,000円を引き下げなければならない。新規注文の引受けを有利とするには、15,000個の販売単価をいくらまでなら引き下げられるか答えなさい。

3

問題 2　特別注文引受可否の意思決定

解答…P.39　基本 応用

当社では、製品Cの製造・販売を行っており、原価計算方式として直接原価計算を採用している。現在、来年度の予算編成中であり、営業利益が最大となるように経営計画を策定している。そこで以下の資料にもとづき下記の各問に答えなさい。

［資　料］
1．原価標準

直 接 材 料 費：？円/kg　×4kg/個　　　　＝　？円
直 接 労 務 費：800円/時間×2直接作業時間/個＝1,600円
変動製造間接費：600円/時間×3機械時間/個　＝1,800円
　　　　　　　　　　　　　　　　　　　　　　　　？　円

（注1）直接材料の標準価格には、次年度における単位あたり予定購入原価を使用している。標準価格については、年間必要量を500kgずつ購入するなら1,000円/kgであるが、1,500kgずつ購入すると5％、2,000kgずつ購入すると8％の割戻しを購入原価全体について受けることができる。ただし500kgずつの購入であれば自社倉庫で保管できるが、1,500kgずつの場合は250,000円、2,000kgずつの場合は325,000円の倉庫賃借料（月割）が発生し、この賃借料は固定製造間接費として処理される。

（注2）来年度の基準操業度（期待実際操業度）は、36,000機械時間である。

2．来年度の予算編成に関する資料
　(1)　予算販売量は12,000個で予算販売価格は10,000円/個である。
　(2)　変動販売費は製品1個あたり500円発生する。
　(3)　固定費予算額は次のとおりである。
　　　　製造間接費：10,800,000円（ただし材料倉庫賃借料は含まない）
　　　　販売費・一般管理費：8,500,000円
　(4)　製品Cはその性質上、仕掛品は存在しない。また、期首・期末の製品は存在していない。

問1　来年度における予算損益計算書を作成しなさい。

さて、来年度の予算編成手続を進めている途中に次の情報が追加的に入手された。
［追加資料］
1．来年度の販売に関する情報
　　従来、取引先のX社より1,500個の注文があるが、追加として1,500個の注文が寄せられた。X社は購入量を2倍にしたのだから、販売価格のすべてについて

4

15%値引するように主張してきた。なおこの主張を拒否するとX社との取引関係はすべて消滅する。

2. 原価の変動に関する情報
   (1) 直接労務費について 25,000直接作業時間を超える作業については割増賃金として1,000円/時間を適用することになる。
   (2) 追加注文を受諾した場合には新たに機械をリースしなければならないため、リース料が1,000,000円（年間）発生する。なお製造間接費変動費率は変化しない。

問2　X社からの追加注文を受諾すべきか否かを答えなさい。

　当社は各種の小物雑貨を製造販売しているが、その中の写真立ては埼玉工場の第2製造部で製造している。

［資　料］
1．過去6カ月間の第2製造部の生産および原価データ
　(1)　生産データ　写真立て　8,000台（期首と期末の仕掛品はない）
　(2)　原価データ　直接材料費（変動費）　4,800,000円
　　　　　　　　　　直接労務費（変動費）　6,400,000円
　　　　　　　　　　製造間接費（準変動費）8,000,000円
　(3)　製造間接費データの月別内訳（これらはすべて正常値である）

月	製造間接費発生額	写真立て完成量
10	1,274,000円	1,250台
11	1,260,000円	1,240台
12	1,312,000円	1,290台
1	1,322,000円	1,320台
2	1,482,000円	1,540台
3	1,350,000円	1,360台
合計	8,000,000円	8,000台

2．かねてから取引関係にあるX社から、写真立てを1台あたり2,300円で売りたいという申入れがあった。埼玉工場長はX社の製品の品質は高く、しかも売込価格が安いので、とりあえず次期の6カ月間は、この写真立ての内製をやめて購入に切り替えたいと考え、原価計算担当者に調査を命令したところ、次の情報を得た。

3．原価計算担当者の調査結果
　(1)　次期6カ月間の原価発生状況を予測すると、原価財の価格や消費能率に変化はなさそうなので、変動費率と固定費発生額は上記過去6カ月間と同様と思われる。ただし、不況に入ってきたので8,000台の生産は難しい。
　(2)　X社からの購入に切り替えた場合は、
　　①　第2製造部の直接工は全員人手不足の他の製造部へ、同じ賃率と作業量で転用できる見込みである。
　　②　第2製造部の機械は遊休にする。
　(3)　第2製造部の固定製造間接費総額（6カ月間の発生総額）の内訳は次のとおりである。まず481,000円は工場全体の共通管理費配賦額である。また、

453,400円は機械の減価償却費、固定資産税、火災保険料からなる。これらのほか460,000円の固定製造間接費は、購入に切り替えることによりその発生が回避可能であると予想された。あとに残る固定製造間接費は第2製造部長の給料であって、もし購入に切り替えた場合は、第1製造部長が定年で退職するため、そのあとに第2製造部長を従来と同額の給料で配置換えできる。ただし、内製の場合は、第1製造部長は外部から第2製造部長の給料と同額で雇うことになる。

以上の条件にもとづき、原価が安ければ購入に切り替えるものとして、次の問いに答えなさい。

問1　第2製造部門の製造間接費について、高低点法により原価分解を行って、(1)製品1台あたりの変動製造間接費、(2)（6カ月間ではなく）月間の固定製造間接費を計算しなさい。

問2　第2製造部長の6カ月間の給料総額はいくらか。

問3　第2製造部の次期6カ月間の生産量が不明である点を考慮したうえで、写真立てを内製するほうが有利か、あるいは購入したほうが有利か判断しなさい。

問4　上記のほか、さらに次の条件を追加および変更する。

(a)　購入に切り替えた場合は、第2製造部の空いたスペースを利用して第1製造部の部品倉庫に転用すると外部倉庫の賃借が不要となり、その結果、6カ月間で外部倉庫の賃借料を236,000円節約できる。

(b)　X社の売込価格が1台あたり2,300円ではなく、次のような条件であったとする。すなわち当社の購入量が6カ月間で6,000台までは1台あたり2,350円であるが、6,000台を超えると値引して1台あたり2,300円にするという申入れであったとする。したがって、たとえば6カ月間の購入量が6,200台であれば、6,000台までは1台あたり2,350円で購入し、あとの200台は1台あたり2,300円で購入できることになる。なお、(a)の倉庫料節約の追加条件は、購入量とは関係ない。

さて、上記追加および、変更条件を考慮して(1)(2)に答えなさい。

(1)　上記の業務的意思決定会計に使用される原価概念としては、外部倉庫の賃借料節約額は、内製というコース選択にとって、いかなる原価といえるか。最も適切な原価を下記の中から1つ選びなさい。答えは番号のみでよい。

①　埋没原価　　②　直接費　　③　機会原価　　④　見積原価
⑤　個別費　　⑥　予算原価　　⑦　製造間接費

(2)　上記の追加および変更条件を考慮し、内製が有利か購入が有利かを判断しなさい。

　当社の切削部門では、次期（１年間）の生産計画において、設備稼働能力に5,000時間の余裕が見込まれた。この遊休能力を利用し、部品Ａを当部門で製造すべきか、あるいは、この遊休能力は、そのままとし、部品Ａを外部から購入するほうが有利か検討中である。検討資料は次のとおりである。

［資　料］

1．部品Ａに関するデータ

　⑴　部品Ａの年間必要量が10,000個である。これを外部から購入する場合には、１個あたり14,000円で入手できる。

　⑵　部品Ａを製造する場合には、その主要材料はα材で、部品Ａ１個の製造にα材を１kg必要とする。主要材料の年間購入契約量が8,000kgを超える場合は、購入契約量のうち8,000kgまでは１kgあたり6,000円で購入するが、8,001kg以上は、前記購入単価の10％引きで購入できる。したがって、全購入契約量の購入単価が10％引きになるわけではない。

　⑶　部品Ａの１個あたりの加工時間は0.5時間であり、１時間あたり6,000円の賃率の直接工を投入する必要がある。しかし、現在人手不足の状態にあるので、もし部品Ａを製造するのであれば、上記賃率の40％に相当する残業手当も支払わねばならない。

　　　なお、残業手当は、この計算では直接労務費として処理し、また直接作業時間を設備稼働時間とは等しいものとする。

　⑷　当部門では、製造間接費は標準配賦が行われており、製造間接費の変動費率は3,600円／時間、固定費率は3,000円／時間である。

　　　なお、部品Ａを製造しても、固定費の発生額に影響はない。

　⑸　部品Ａを製造するには、新たに特殊設備が必要であり、その年間リース料は、生産量とは関係なく1,400万円を見積られた。

2．部品Ｂに関するデータ

　　部品Ａを外部から購入する場合、5,000時間の遊休時間をそのまま遊ばせないで、この時間を従来購入していた部品Ｂの製造に利用する案も考えられる。部品Ｂの資料は次のとおりである。

　⑴　部品Ｂの購入価格は１個あたり18,000円である。

　⑵　部品Ｂの年間必要量は5,000個である。なお、この部品を製造する場合には、１個あたりの加工時間は１時間である。

　⑶　部品Ｂの主要材料はβ材で部品Ｂ１個の製造にβ材を１kg必要とする。その購入価格は4,800円／kgで、数量割引はない。

(4) 直接工の賃率や、残業手当および製造間接費に関する条件は上記と同様である。ただし、この部品の製造には特殊設備は不用であり、したがってリース料は発生しない。

3. その他
　本問の解答にあたっては、数量化不可能な要素や、長期的な考慮は除外する。

以上の条件にもとづき、次の問いに答えなさい。

問1　本問は自製（内製）か購入かの短期的意思決定の問題であるが、この問題を解決するために最も適切な原価を、下記の原価の中から1つ選び番号を記入しなさい。

① 変動費　　② 直接原価　　③ 付加原価　　④ 製造原価
⑤ 標準原価　　⑥ 予算原価　　⑦ 支出原価　　⑧ 見積原価
⑨ 差額原価　　⑩ 埋没原価

問2　部品Aの年間必要量が10,000個の場合、切削部門で部品Aを自製する案をA案、5,000時間の遊休時間をそのままとし、外部からこれを購入する案をB案とすると、両案を比較して、どちらの案が原価が低く有利であろうか。

問3　前間では部品Aの年間必要量を10,000個としたが、10,000個以下に減少する可能性も考えられる。そこで、部品Aの年間必要量の条件を一応度外視し、部品Aを自製する案をA案、購入する案をB案とし、両案を比較して、部品Aの年間必要量が何個以上であれば、どちらの案が有利であろうか。

問4　部品A 10,000個を外部から購入し、しかも5,000時間の遊休時間を5,000個の部品Bの自製に利用する案をC案とすると、上記問2のA案（部品A 10,000個を自製し、部品B 5,000個を購入する案）とC案とを比較して、どちらの案が原価が低く有利であろうか。ただし部品Bの市場における購入価格と販売価格とは等しいものとする。

　当工場では、原料 a を投入して連産品A、BおよびCを生産している。その生産プロセスは、まず原料 a からAとXを生産し（製造工程Ⅰ）、次にXからBとCを生産している（製造工程Ⅱ）。Xは a から最終製品BとCを生産する過程での中間生産物である。20×1年3月の生産計画および予想されるコストは次の(1)～(5)のとおりである。月初・月末の仕掛品および製品は存在しない。なお、最終製品A、BおよびCの単位あたり市場価格は、それぞれ30,000円、10,000円および8,500円である。

(1)　30,000kgの原料 a を投入してAを5,000単位、Bを15,000単位、およびCを10,000単位生産する。

(2)　製造工程Ⅰで原料 a からAとXが分離されるが、その分離点までの製造原価は、18,000万円である。分離点後のAの追加加工費（個別費）は2,400万円である。分離点における追加加工前のAをA′とよぶ。Aの追加加工は製造工程Ⅱで行われる。

(3)　製造工程Ⅰの分離点におけるA′とXの産出量は、それぞれ10,000kgと20,000kgである。

(4)　製造工程ⅡでXからBとCが分離されるが、その分離点までの製造原価は、8,400万円（Xのコストを除く）である。Bの個別費は1,200万円、Cの個別費は1,800万円である。分離点における追加加工前のBをB′、追加加工前CをC′とよぶ。

(5)　製造工程Ⅱの分離点におけるB′とC′の産出量はそれぞれ15,000kgと5,000kgである。

　以上の条件にもとづいて、次の各問いに答えなさい。なお計算過程で端数が生じるときは、万円未満を四捨五入する。ただし、単価を計算する場合は、円未満を四捨五入する。

問1　物量（重量）を基準に連結原価を配賦し、各最終製品の単位あたり製造原価、および製品別の売上総利益を計算しなさい。

問2　分離点における見積正味実現可能価額を基準に連結原価を配賦し、製品別の売上総利益を計算しなさい。見積正味実現可能価額とは、最終製品の市価から分離後の個別費を控除した金額である。

問3　中間生産物A′、B′、C′およびXに外部市場があり、それぞれ1kgあたり市場価格はA′ 12,000円、B′ 9,500円、C′ 15,500円およびX 6,000円である。分離点における市価を基準に連結原価を配賦し、製品別の売上総利益を計算しなさい。

問4　上記の計算結果は異なっている。同じ製品が黒字であったり赤字であったりしているかもしれない。それでは、どのような意思決定を行えばよいのだろうか。そこで、次の各場合の工場全体の売上総利益を計算しなさい。

(1)　AとCは生産するがBの生産は中止し、B′のままで販売する場合。ただしB′は上記外部市場ですべて販売できるとする。

(2)　AとBは生産するが、Cの生産は中止し、C′のままで販売する場合。ただしC′は上記外部市場ですべて販売できるとする。

(3)　Aは生産するがBとCの生産は中止し、Xのままで販売する場合。ただしXは上記外部市場ですべて販売できるとする。

(4)　(3)の場合では、Xのままで販売しているが、XをB′とC′に分離して、それらを販売する場合。ただし、B′もC′も上記外部市場ですべて販売できるとする。

当社は製品Ａ、Ｂ、Ｃの販売に従事している。当期の製品別利益を計算したところ、次のような結果が得られた。そこで赤字となった製品Ｃの生産・販売を廃止すべきかどうかが検討されている。

セグメント別損益計算書

	製品Ａ	製品Ｂ	製品Ｃ	合　計
売　　上　　高	1,000,000円	900,000円	300,000円	2,200,000円
変　　動　　費	400,000	300,000	180,000	880,000
貢　献　利　益	600,000円	600,000円	120,000円	1,320,000円
固　　定　　費				
給　　　　料	246,000円	180,000円	48,000円	474,000円
減 価 償 却 費	9,000	27,000	13,500	49,500
賃　　借　　料	8,000	90,000	39,000	137,000
保　　険　　料	16,000	6,000	3,000	25,000
一 般 管 理 費	193,000	153,000	64,500	410,500
営業利益(損失)	128,000円	144,000円	△48,000円	224,000円

固定費のうち賃借料と保険料は個別固定費で製品Ｃからの撤退により回避できるが、その他の固定費は全体として共通に発生するものであり、セグメント別の金額はその配賦額である。

以上の条件において製品Ｃの生産・販売を廃止すべきか否かを判断しなさい。

在庫管理のための経済的発注量に関する下記の問いに答えなさい。

問1　材料Mについて次の資料を入手した。
　　　①　年間の予定総消費量‥‥‥‥‥‥‥‥10,000個
　　　②　1個あたりの購入原価‥‥‥‥‥‥‥‥5,000円
　　　③　発注1回あたりの電話料‥‥‥‥‥‥‥300円
　　　④　発注1回あたりの事務用消耗品費‥‥‥1,700円
　　　⑤　倉庫の年間減価償却費‥‥‥‥‥‥‥‥63,000円
　　　⑥　倉庫の電灯料の基本料金年額‥‥‥‥‥23,500円
　　　⑦　1個あたりの年間火災保険料‥‥‥‥‥500円
　　　⑧　1個あたりの年間保管費には購入原価の10％を資本コストとして計上する。
　　　上記のデータの中から適切なデータを選び、(1)材料Mの1回あたりの発注費、(2)材料Mの1個あたりの年間保管費、(3)材料Mの経済的発注量を求めなさい。ただし、1回あたりの発注費は発注回数に比例して発生し、1個あたりの年間保管費は平均在庫量に比例して発生するものとする。また安全在庫量や在庫切れの機会損失は考慮外とする。

問2　上記問1の条件のほかに、次の条件を追加する。材料Mを保管する倉庫の保管能力は、125個しかない。しかし現有倉庫の隣に貸し倉庫があり、その年間賃借料は、20,000円である。そこで［甲案］現有倉庫のみですます。あるいは［乙案］問1で計算した経済的発注量のうち、125個は現有倉庫に保管し、125個を上回る材料Mは貸し倉庫を借りて保管するという両案のうち、どちらの案が原価が低くて有利かを計算しなさい。ただし貸し倉庫の年間賃借料のほかは、原価については問1で示された条件のままとする。

問3　上記問1の条件のほかに、次の条件を追加する（問2の追加条件はないものとする）。材料Mの1回あたりの発注量が多いと、売手から値引が受けられる。

　　　（1回あたりの発注量）　　（売価5,000円に対する値引率）
　　　　　0～399個まで　　　　　　なし
　　　　400～799個まで　　　　　　2.0％
　　　　800～999個まで　　　　　　2.2％
　　　1,000個以上　　　　　　　　　2.4％

　(1)　問1で計算した経済的発注量を採用した場合、値引が受けられないことによる年間の機会損失はいくらか。
　(2)　1回に800個ずつ発注する場合の年間保管費はいくらか。
　(3)　1回に何個ずつ発注するのが最も有利かを計算しなさい。

第2章　設備投資の意思決定

問題 8　設備投資の意思決定モデル　　　　　解答…P.57 基本 応用

　いま、以下のようなＡ、Ｂ、Ｃの３つの独立投資案があるとする。これらは、それぞれ異なる新製品の製造・販売計画案であって、たとえばＡ案は、現時点で22,272万円の設備投資をすると、第１年度末に、8,000万円の純現金収入が得られる。同時に、２年度末に10,000万円、３年度末に6,000万円の純現金収入が得られる見込みであって、そこで、この投資は終了する。各案の現在時点での投資案に（　　）がついているのは現金の流出額を示す。

(単位：万円)

投資案	T_0	T_1	T_2	T_3
A	(22,272)	8,000	10,000	6,000
B	(10,181)	4,000	2,000	6,000
C	(15,745.8)	6,000	6,000	6,000

　なお、現価係数および年金現価係数は次のとおりである。
〈現価係数〉

n＼r	3％	4％	5％	6％	7％	8％	9％
1	0.9709	0.9615	0.9524	0.9434	0.9346	0.9259	0.9174
2	0.9426	0.9246	0.9070	0.8900	0.8734	0.8573	0.8417
3	0.9151	0.8890	0.8638	0.8396	0.8163	0.7938	0.7722

〈年金現価係数〉

n＼r	3％	4％	5％	6％	7％	8％	9％
1	0.9709	0.9615	0.9524	0.9434	0.9346	0.9259	0.9174
2	1.9135	1.8861	1.8594	1.8334	1.8080	1.7833	1.7591
3	2.8286	2.7751	2.7232	2.6730	2.6243	2.5771	2.5313

　次のそれぞれの方法によって各案を採用すべきか否かを判断し、その順位を記入しなさい。ただし資本コスト率は５％とする。
問１　正味現在価値法
問２　収益性指数法（指数は小数点以下第３位を四捨五入すること）
問３　内部利益率法

問題 9 設備投資の意思決定モデル

　ある設備投資とそれにともなう正味キャッシュ・インフローは次に示す資料のとおりであった。そこで資料にもとづいて、下記の設問に答えなさい。ただし、解答にあたり法人税の支払いは考慮しないものとする。

［資　料］
1．投資に関する資料
　　　設備投資額　10,000,000円
　　　設備の耐用年数　5年
　　　設備の残存価額　取得原価の10％
　　　定額法による減価償却を実施
　　　5年末の処分見込額　400,000円

2．投資にともなう年々の正味キャッシュ・インフロー

(単位：円)

1年	2年	3年	4年	5年
2,000,000	2,400,000	2,800,000	3,300,000	2,100,000

3．当社の加重平均資本コスト率8％

4．現価係数表

	5％	6％	7％	8％	9％	10％
1年	0.9524	0.9434	0.9346	0.9259	0.9174	0.9091
2年	0.9070	0.8900	0.8734	0.8573	0.8417	0.8264
3年	0.8638	0.8396	0.8163	0.7938	0.7722	0.7513
4年	0.8227	0.7921	0.7629	0.7350	0.7084	0.6830
5年	0.7835	0.7473	0.7130	0.6806	0.6499	0.6209

問1　当該設備投資案の正味現在価値を計算し、採用すべきか否かを判断しなさい。
問2　当該設備投資案の内部利益率を補間法を用いて計算し（％未満第3位を四捨五入）、採用すべきか否か判断しなさい。

　当工場では、従来手作業で行っていた包装作業を自動化すべく、自動機械の導入を検討中である。この機械は、取得原価が3,000万円、見積使用年数は5年、5年後の残存価額は300万円である。もしこの機械を導入すれば、人手は節約されるものの機械の稼働のために電力料、機械油など人件費以外の現金支出費用が、新たに年々75万円ずつ発生する見込みである。この場合、年間何万円以上の人件費が節約されるならば、この自動機械を導入するのが有利か。

　当社の加重平均資本コスト率は10%でり、現在価値の割引計算は、下記の付属資料を利用し、まず、(1)年利率10%、期間が5年の年金現価係数を求め、次いで、(2)所要年間人件費節約額を計算しなさい。なお、所要年間人件費節約額の計算においては、計算の途中で四捨五入せず、解答の最終段階で万円未満の端数を切り上げて、答えを「万円以上」として求めなさい。ただし、この計算においては法人税の支払いは考慮しない。

［付属資料］資本コスト率10%の場合の現価係数

	1年	2年	3年	4年	5年
現価係数	0.9091	0.8264	0.7513	0.6830	0.6209

　今、以下のようなA、B、Cの3つの独立投資案があるとする。これらは、それぞれ異なる新製品の製造・販売計画案であって、たとえばA案は、現在時点で21,600万円の設備投資をすると、第1年度末に8,000万円の純現金収入が得られる。同様に、2年度末に10,000万円、3年度末に6,000万円の純現金収入が得られる見込みであって、それでこの投資は終了する。各案の現在時点での投資案に（　　）がついているのは、現金の流出額を示す。そこで以下の設問の数値を求めなさい。

（単位：万円）

投資案	T_0	T_1	T_2	T_3
A	(21,600)	8,000	10,000	6,000
B	(10,200)	4,000	2,000	6,000
C	(15,600)	6,000	6,000	6,000

問1　単純回収期間法（回収期間は小数点以下第3位を四捨五入すること）
問2　単純投下資本利益率法（利益率は%未満第3位を四捨五入すること）

MEMO

当社では新製品Bの製造・販売プロジェクトを検討中である。下記の資料にもとづき、この投資プロジェクトの、(1)正味現在価値、(2)内部利益率を計算し、この投資案を採用すべきか否かを判断しなさい。

[資　料]
1．現在時点での投資額（単位：万円）
　(1)　固定資産
　　　　　土地：1,000　　建物：2,000　　設備：4,000
　(2)　運転資本
　　　　　売掛金：1,200　　棚卸資産：600　　買掛金：800
2．向こう5年間のキャッシュ・フロー予測（単位：万円）
　　　　売上収入：14,400
　　　　現金支出費用：12,000
3．投資終了時の見積り
　(1)　土地は取得価額より10%値上がりして売却される。
　(2)　建物は800万円で売却される。
　(3)　設備は投資終了時に他に転用し、その利用価値は投資終了時の簿価に等しい。
　(4)　正味運転資本は投資終了時に全額回収される。
4．減価償却費

	方　法	耐用年数	残存価額
建　物	定額法	10年	200万円
設　備	定率法	5年	400万円

　　（注1）定率法の計算上 $\sqrt[5]{0.1} = 0.631$ とする。
　　（注2）減価償却費の計算上生ずる端数は万円未満を四捨五入すること。
5．法人税の税率は40%である。
6．加重平均資本コスト率は税引後で8%である。
7．正味現在価値は、最終結果につき万円未満四捨五入し、内部利益率は、小数点以下第3位を四捨五入すること。

8. 現価係数表

	5 %	6 %	7 %	8 %	9 %	10%
1 年	0.9524	0.9434	0.9346	0.9259	0.9174	0.9091
2 年	0.9070	0.8900	0.8734	0.8573	0.8417	0.8264
3 年	0.8638	0.8396	0.8163	0.7938	0.7722	0.7513
4 年	0.8227	0.7921	0.7629	0.7350	0.7084	0.6830
5 年	0.7835	0.7473	0.7130	0.6806	0.6499	0.6209

	11%	12%	13%	14%	15%
1 年	0.9009	0.8929	0.8850	0.8772	0.8696
2 年	0.8116	0.7972	0.7831	0.7695	0.7561
3 年	0.7312	0.7118	0.6931	0.6750	0.6575
4 年	0.6587	0.6355	0.6133	0.5921	0.5718
5 年	0.5935	0.5674	0.5428	0.5194	0.4972

当社では、新製品Cの製造・販売プロジェクトを検討中であり、下記の関係資料が集められた。

［資　料］
1．投資プロジェクトの資金

この会社の財務方針によれば、長期投資には長期借入金50％、留保利益10％、普通株40％の構成割合の資金を使用することになっている。それぞれの資本コスト率は長期借入金が税引前で9％、留保利益が9％、普通株が11％であって、法人税の税率は40％である。

2．総投資額
⑴　固定資産

20×0年度末（現在時点）において次の固定資産（単位：万円）を新規に購入する。

　　　土地　5,000
　　　建物　6,500
　　　設備　9,000

⑵　運転資本

操業は20×1年度から開始するが、操業を可能にするため、20×0年度の投資額の中に、正味運転資本の投資額を計上する。その内訳は、20×1年度の予想売上高を基準とし、その8％を売掛金に対する投資、6％を棚卸資産に対する投資として、他方4％を買掛金相当分とする。

3．年々のキャッシュ・フローの予測
⑴　新製品Cの予想販売量と販売単価は次のとおりである。

	20×1年度	20×2年度	20×3年度	20×4年度
販 売 量 （個）	7,000	7,800	7,500	6,000
販売単価（万円）	4.5	4.5	4.0	3.5

⑵　各年度において、現金支出変動費は、その年度の売上高の65％と予測された。また、現金支出固定費は各年度とも、5,000万円発生する見込みである。

⑶　建物は、耐用年数10年、残存価額650万円、定額法で償却する。設備は耐用年数4年、残存価額900万円、定率法で償却する。なお、定率法の計算上、

$$\sqrt[4]{\frac{1}{10}} = 0.562 とする。$$

⑷　正味運転資本は毎年、次年度の予想売上高を基準とし、上記の比率で当年度のキャッシュ・フローに計上する。

4．投資終了時の見積り

　(1)　20×4年度末において、土地は帳簿価額で売却し、建物と設備は、20×4年度末の帳簿価額の50％相当額で売却できると見込まれた。

　(2)　正味運転資本は、その累積投資額を投資の最終年度末に回収するものとする。

以上の条件にもとづき、次の問いに答えなさい。

問1　当社の投資資金の税引後加重平均資本コスト率はいくらか。

問2　各年度末に発生する建物と設備の減価償却費の合計額を計算しなさい。

問3　20×2年度末に発生すると予想されるキャッシュ・フローの合計額（20×2年度におけるキャッシュ・インフローからキャッシュ・アウトフローを差し引いた純差額）はいくらか。

問4　投資終了時の土地、建物、設備、および正味運転資本からの正味回収額を計算しなさい。

問5　付属資料を使用し、この投資プロジェクトの正味現在価値を計算し、この投資が有利か不利かを判定しなさい。

問6　付属資料を使用し、この投資プロジェクトの内部利益率を求めなさい。

［付属資料］現価係数表

n ＼ r	6 ％	7 ％	8 ％	9 ％	10％	11％
1	0.9434	0.9346	0.9259	0.9174	0.9091	0.9009
2	0.8900	0.8734	0.8573	0.8417	0.8264	0.8116
3	0.8396	0.8163	0.7938	0.7722	0.7513	0.7312
4	0.7921	0.7629	0.7350	0.7084	0.6830	0.6587
合　計	3.4651	3.3872	3.3120	3.2397	3.1698	3.1024

　（注）計算の途中（各年度の減価償却費の計算、各年度に発生するキャッシュ・フローの合計額の計算、および各年度ごとの現在価値への割引計算）で万円未満の端数が生じたときは、その都度端数を四捨五入して計算しなさい。

21

当社では、現在使用している加工機械（以下、旧機械と称する）を新しい加工機械（以下新機械と称する）に取り替えるべきか否かを、キャッシュ・フローは各年度末に生じると仮定する正味現在価値法によって検討中である。

問1　当社では、使用する資本の最低所要利益率（資本コスト率）は12%であり、次の現価係数を入手した。この表から利率12%、4年間にわたる年金の年金現価係数を求めなさい。

n ＼ r	12%
1	0.8929
2	0.7972
3	0.7118
4	0.6355

問2　旧機械の取得原価は10,000万円であり、耐用年数は10年、10年後の残存価額は1,000万円、定額法ですでに6年間償却してきた。したがって、あと4年間、使用可能であるが、現在これを売却すれば2,000万円で売却可能である。これに対して、新機械の取得原価は6,000万円で耐用年数4年、4年後の残存価額は600万円、定額法で償却する。新機械の年間稼働費現金支出額は2,400万円であるが、4年間使用すると、4年後の見積売却価額は、中古機械市場でこの機械の評判がよいため、減価償却費の計算上使用した残存価額よりも200万円多く、800万円で売れる見込みである。

　　以上の条件にもとづき、新機械の購入は、旧機械の売却を前提とすると考え、新機械を購入する場合の正味現在価値を計算しなさい。ただし法人税の影響は考慮しないものとする。また現在価値の計算には、前問で示した現価係数または前問で計算した年金現価係数を使用することとし、計算上生じる万円未満の端数は四捨五入しないで計算しなさい。四捨五入しないという条件は、次問以降も同様とする。

問3　問2の計算において、法人税の影響を考慮して計算しなさい。ただし、次の条件を追加する。
　⑴　法人税率は40%とする。固定資産売却損益についても、40%の税率が適用される。旧機械の売却から生じる固定資産売却損益が投資のキャッシュ・フローに及ぼす影響については、第1年度末ではなく、第0年度末（現在時点）に計上すること。
　⑵　資本コスト率は税引後で12%とする。
　⑶　当社は黒字企業である。

(4) 計算を簡略にするため、機械の経済的耐用年数と税法上の耐用年数は等しいと仮定する。

問4　旧機械について問3で追加した関連条件のほかに、さらに次の条件を追加する。

(1) 年間の機械稼働費現金支出額は4,600万円である。

(2) 4年後の見積売却価額は400万円である。

以上の条件にもとづき、旧機械をそのまま使用し続ける場合の旧機械の正味現在価値を計算しなさい。ただし、この計算では旧機械の現在時点での売却は考慮しないものとする。

問5　問3で計算した新機械の正味現在価値と問4で計算した旧機械の正味現在価値とを比較し、旧機械を新機械に取り替えるほうが有利か否かを判断しなさい。

問6　本問についての下記の文章中の空欄に、適切な単語または数字を埋めなさい。

「機械の取替投資に関する意思決定計算では、代替案同士の差額のみを計算する差額法と各代替案を別個に計算したうえで比較する　①　法とがある。本問では、後者の方法によっている。しかし後者の方法においても旧機械の売却に関連するキャッシュ・フロー、すなわち金額にして　②　万円に相当するが、これを問3で新機械の正味現在価値計算に計上し、問4で旧機械の正味現在価値計算に計上しない方法をとっているが、逆に新機械の正味現在価値計算に計上せず、旧機械の正味現在価値計算に計上し両者を比較する方法もありうる。旧機械の正味現在価値計算にこれを計上する論拠は、旧機械をそのまま使用するために、旧機械を売却すれば得られるはずの　③　である点にある。」

　当社は、製品Fを製造・販売している。販売単価は10,000円で安定して毎年75,000個の販売を行ってきた。製品単位あたりの変動製造費用（品質コストは含まない）は、3,000円である。従来、毎年3,000個（75,000個の4％）の仕損が発生していたが、年間1,000万円の検査コストをかけて3％（2,250個）の仕損品を発見し、1個あたり4,000円のコストをかけて手直しをしてきた。しかし1％（750個）は出荷され、年間750件のクレームが生じていた。クレームがあった場合、代金10,000円を返却してきた。

　近年、ジャスト・イン・タイム在庫システムが普及し、また生産工程の自動化が進むなかで不良品は大きな問題を引き起こすようになってきた。現在の品質管理状況では、今後1年はまだ変化はないが、1年後から毎年7,000個ずつ販売量が減少すると予想される。そこで現在、新たに次のような品質管理プログラムが提案されている。

　a）現在使用している製造設備（2年使用）を最新鋭の製造設備に取り替える。新設備の導入によって変動製造費用が削減されるわけではないが、仕損発生率に減少することが期待される。

　b）最新の検査機械を導入する。

　c）検査コスト（機械減価償却費を除く）を従来の1,000万円から1,200万円に増額する。

　d）品質管理の研修教育を全従業員に行う。そのため3,600万円の支出を行う。この支出は現時点で1回のみ行われる。

　このプログラムを実行するならば、仕損の発生率が4％から1％に減少するとともに、生産工程の初期の段階でそのすべてを発見できるようになる。その結果、手直費は1個あたり800円ですむ。また不良品が顧客に引き渡されることもなくなるので、現在の製造・販売量を維持することが可能と見込まれ当社は、以上のデータと下記資料にもとづき、意思決定分析の期間を4年と仮定し、正味現在価値法を適用して、このプログラムが経済的に有利かどうかを検討中である。以下の問いに答えなさい。ただし、所要利益率は年15％、法人税率は年40％とする。

問1　新しい品質管理プログラムを採用する案を甲案、採用しない案を乙案とする。すなわち甲案は現有設備（以下、旧設備と称する）を新設備に取り替えるとともに、より徹底した品質管理体制を導入する案であり、乙案は、旧設備のまま、従来どおりの製造・販売を行う案である。各代替案の毎年のキャッシュ・フローを計算しなさい。ただし法人税の支払いは考慮しない。計算上生じる端数については、計算途中では四捨五入せず、最終の答えの段階で万円未満を四捨五入しなさい。なお、解答用紙への記入に際して、キャッシュ・フローがマイナス（現金支出）の場合、その数字をカッコでくくること（以下同じ）。

問2　法人税の支払額も含めて、各代替案のキャッシュ・フローを計算しなさい。計

算上生じる端数については、計算途中では四捨五入せず、最終の答えの段階で万円未満を四捨五入しなさい。なお、いずれの案を採用する場合でも、今後4年間、当社は黒字決算が見込まれている。

問3 問2で求めたキャッシュ・フローにもとづいて各代替案の正味現在価値を計算し、どちらが有利であるかを答えなさい。計算上生じる端数については、計算途中では四捨五入せず、最終の答えの段階で万円未満を四捨五入しなさい。

〔資 料〕

1. 新旧製造設備および検査機械の取得原価、耐用年数等

（残存価額は税務計算上の数値）

	取 得 原 価	耐 用 年 数	残 存 価 額	減価償却方法
旧製造設備	24,000万円	6年	2,400万円	定額法
新製造設備	20,000万円	4年	2,000万円	定額法
検 査 機 械	2,400万円	4年	240万円	定額法

2. 旧設備の現時点における見積売却額は8,000万円であるが、急速に時代遅れの設備となり、4年後は240万円と見込まれる。

3. 新設備の4年後の見積売却額は、中古市場での評判が高く3,000万円と見込まれる。

4. 検査機械の4年後の見積売却額は残存価額に等しく240万円と見込まれる。

5. 売上はすべて現金売上、変動製造費用はすべて現金支出費用である。手直費も現金支出費用である。また、検査コスト（機械減価償却費を除く）は、固定費かつ現金支出費用である。キャッシュ・フローはすべて各年度末に生じるものとする。

6. この問題で求めている計算は、差額原価収益分析であるが、何を基準に差額を計算するかでキャッシュ・フローは異なる。そこで次のように計算すること。

　(1) 売上高および変動製造費用は現在の年間製造・販売量75,000個を基準に、その増減分について差額のみを計算する。

　(2) 検査コストおよび手直費は、各代替案ごとにその全額を計算する。

　(3) 新設備導入にともなって現有設備は売却される。その売却に係るキャッシュ・フローは、甲案の第0年度末のキャッシュ・フローに算入する。

7. 割引率15%における現価係数は次のとおりである。現在価値の計算に際しては、これらの係数を用いること。

　　　1年　　0.8696
　　　2年　　0.7561
　　　3年　　0.6575
　　　4年　　0.5718

当社では、製品Ｆの製造のために取得原価29,000万円、耐用年数５年の設備を導入することを決め、この設備をリースによるか、あるいは資金を銀行から借りて購入するか検討中である。

［資　料］

１．リースによる場合

　　年間のリース料はメンテナンスなど諸費用一切込みで7,650万円であり、第１年度末から第５年度末まで、同額ずつ各年度末に支払う。第５年度末に、この設備はリース会社に返却する。

　　なお、リース取引は賃貸借取引として処理すること。

２．購入する場合

　　第１年度の初めに29,000万円を銀行から借り入れ、設備を購入する。元金は各年度末に5,800万円ずつ５回の均等払いで返済し、利子は各年度初めの元金未返済額について12%の利子を各年度末に支払う。減価償却は定率法による。第５年度末における設備の予想処分価額は、取得原価の10%である。なお、法的耐用年数と経済的耐用年数は等しいものとする。また、定率法による減価償却費の計算においては$\sqrt[5]{0.1}=0.631$とする。

３．その他

　　この投資案は平均的リスクを持ち、リースの場合も購入の場合も、この投資案のリスクに影響はない。法人税の税率は40%であり、当社の資本コスト率は、税引後で16%である。なお減価償却費、それに伴う法人税節約額と税引後利子の計算上生じる端数は、万円未満は四捨五入すること。

［付属資料］現価係数表

n ＼ r	10%	11%	12%	13%	14%	15%	16%
1	0.9091	0.9009	0.8929	0.8850	0.8772	0.8696	0.8621
2	0.8264	0.8116	0.7972	0.7831	0.7695	0.7561	0.7432
3	0.7513	0.7312	0.7118	0.6931	0.6750	0.6575	0.6407
4	0.6830	0.6587	0.6355	0.6133	0.5921	0.5718	0.5523
5	0.6209	0.5935	0.5674	0.5428	0.5194	0.4972	0.4761

問１　リースによった場合のリース料の適用利子率を求めなさい。ただし、この計算においては法人税の影響を考慮外とし、適用利子率は１%単位で答えればよい。

問２　この設備をリースによるか、あるいは資金を銀行から借りて購入すべきかを正味現在価値法によって判断しなさい。ただし、リースと借入・購入のそれぞれの正味現在価値（万円未満四捨五入）を計算する場合には、法人税の影響を考慮に入れて計算すること。

当社では生産能力のほぼ等しい2つの機械A、Bのうちどちらの機械を購入すべきか検討中である。関係資料は次のとおりである。

[資　料]

1.

	A	B
取　得　原　価	3,000万円	4,000万円
耐　用　年　数	2年	3年
残　存　価　額	300万円	400万円
機械の年間稼働 現金支出費用	1,750万円	2,000万円

2．両機械とも、除却の時点で反復投資される可能性が大きい。減価償却は定額法によって償却する。税法上の耐用年数と経済的耐用年数は等しいと仮定する。

3．投資に必要な資金は、当社の財務方針により普通株40％、長期借入金60％の割合とし、普通株の資本コスト率は年13％、長期借入金の支払利子率は税引前で年利5％である。また法人税率40％とする。

問1　当社の投資資金の税引後加重平均資本コスト率はいくらか。

問2　A機械とB機械の正味現在価値を比較して、どちらの機械を導入すべきであるかを答えなさい。

問3　仮に、B機械の年間稼働現金支出費用が何万円以下であれば、A機械より有利であるかを付属資料の現価係数表を用い、正味現在価値法によって計算しなさい。なお計算途中では四捨五入せず、最終の答えについて万円未満を切り捨てなさい。

[付属資料]　現価係数表

n＼r	4 %	5 %	6 %	7 %	8 %	9 %
1	0.9615	0.9524	0.9434	0.9346	0.9259	0.9174
2	0.9246	0.9070	0.8900	0.8734	0.8573	0.8417
3	0.8890	0.8638	0.8396	0.8163	0.7938	0.7722
4	0.8548	0.8227	0.7921	0.7629	0.7350	0.7084
5	0.8219	0.7835	0.7473	0.7130	0.6806	0.6499
6	0.7903	0.7462	0.7050	0.6663	0.6302	0.5963
7	0.7599	0.7107	0.6651	0.6227	0.5835	0.5470
8	0.7307	0.6768	0.6274	0.5820	0.5403	0.5019

第3章　戦略的管理会計

問題 18　品質原価計算　　　　　　　　　　解答…P.87　基本　応用

　当社の付属資料にもとづき下記の文章中 [　　] の中には適切な用語を、(　　)
の中には適切な数値（20×1年と20×5年との差額）を計算し記入しなさい。

「当社では、従来、製品の品質管理が不十分であったので、社長は、企業内のさまざ
まな部門で重点的に品質保証活動を実施するため「予防―評価―失敗アプローチ」を
採用しその結果を品質原価計算で把握することにした。5年間にわたるその活動と成
果はめざましいものがあり、20×1年と20×5年とを比較すると [　①　] 原価と
[　②　] 原価の合計は上流からの管理を重視したために、20×1年よりも (　③　)
万円だけ増加したが、逆に下流で発生する [　④　] 原価と [　⑤　] 原価との合計
は20×1年よりも (　⑥　) 万円節約し、結局全体として、品質保証活動費の合計額
は20×1年よりも4,000万円激減させることに成功した。

[付属資料]

	20×1年	20×5年	（単位：万円）
他社製品品質調査費	100	180	
受 入 材 料 検 査 費	300	520	
仕 　 損 　 費	1,600	500	
不 良 品 手 直 費	3,060	640	
販 売 製 品 補 修 費	3,200	600	
製 品 設 計 改 善 費	600	1,400	
工 程 完 成 品 検 査 費	1,160	1,880	
品 質 保 証 教 育 費	200	500	
返 品 廃 棄 処 分 費	1,100	300	
製 品 出 荷 検 査 費	640	1,440	
品質保証活動費合計	11,960	7,960	

MEMO

　当工場では、主力製品A、Bおよび特殊受注製品Cを生産、販売している。かねてより、製品単位あたり、総原価の算定にあたり製造間接費、販売費及び一般管理費については、各製品品種別直接作業時間による予定配賦を実施してきた。

［資　料］

　1．製品単位あたり製造直接費に関する年間予算資料

	製品A	製品B	製品C
直接材料費	2,000円	2,200円	1,200円
直接労務費	0.7時間	0.5時間	0.6時間

　　（注）直接工の賃率は1,800円/時間である。なお段取作業時間は、上記直接作業時間には含まれていない。

　2．予算販売単価と年間予算売上高

　　　製品A、B、Cの予算販売単価はそれぞ16,000円、8,000円、9,800円であり、年間予算売上高は総額で55,120,000円である。なお製品A、B、Cの販売数量割合は6：4：1であり、また製品Bの売上高営業利益率は27.5％である。

問1　製品A、B、Cの年間計画生産量・販売量を求めなさい。

問2　(1)製造間接費、販売費及び一般管理費の年間予算額、(2)伝統的全部原価計算による各製品の単位あたり総原価、および(3)製品別の年間営業利益総額を求めなさい。

問3　以下の追加資料3、4を考慮して、(1)活動基準原価計算による各製品の単位あたり総原価および、(2)製品別の年間営業利益総額を求めなさい。

3. 製造間接費、販売費及び一般管理費の年間予算額

　製造間接費、販売費及び一般管理費の年間予算額は？円であるが、これを活動別に集計したところ以下のように集計された。

		金額
①	機械作業コスト・プール	3,600,000円
②	段取作業コスト・プール	700,000円
③	生産技術コスト・プール	2,400,000円
④	材料倉庫コスト・プール	1,320,000円
⑤	品質保証コスト・プール	
	C専用検査機械減価償却費	？　円
	その他の品質保証費	880,000円
⑥	包装出荷コスト・プール	1,200,000円
⑦	管理活動コスト・プール	4,080,000円
		？　円

4. 活動基準原価計算によるコストの製品別集計

　これらのコストを製品A、B、Cに賦課するには、直接に製品品種に割り当てられるコストは直課し、その他のコストは、下記の中から適切なものを選んで配賦する。ただし、管理活動コスト・プールには適切な基準がないので、直接作業時間を基準として採用する。

　なお、コスト・ドライバーのデータで、製品単位あたりのデータ以外は、すべて当期の合計データである。？の部分は各自計算すること。

活動ドライバー	製品A	製品B	製品C
直接作業時間	？	？	？
段取時間 (＝段取回数×1回あたり段取時間)	24時間	16時間	40時間
製品仕様書作成時間	250時間	200時間	350時間
機械運転時間	1.5時間/台	1.0時間/台	2.0時間/台
直接材料出庫金額	？	？	？
抜取検査回数	24回	16回	4回
出荷回数	12回	8回	40回

問4　下記の文章の□□□には適切な数値を記入し、（　　）の中は不要な文字を消去して文章を完成させなさい。

　伝統的全部原価計算では、「各製品のバッチレベルの原価や支援活動原価に対する必要の度合」を無視してしまうため、製品原価を著しく歪めてしまう。そこでこの点を反映させる活動基準原価計算を実施し、伝統的全部原価計算による単

位原価から活動基準原価計算による単位原価を差し引くと、製品品種別に原価の歪みが判明する。そして、この単位原価の歪みに販売量を掛けることで製品間で原価の内部補助がどれほど行われていたかが明らかになる。すなわち製品Aは総額で　①　円も原価が（②過大・過小）に製品Bは　③　円も原価が（④過大・過小）に製品Cは　⑤　円も原価が（⑥過大・過小）に負担させられている。

問題 20 活動基準原価計算（ＡＢＣ）の営業費分析　解答…P.92 [基本][応用]

当社では、Ｘ社とＹ社に対して製品を販売し、活動基準原価計算により顧客別の営業費分析を行っている。そこで以下の資料にもとづいて、下記の各問に答えなさい。

なお、営業費は販売費と一般管理費の合計として計算すること。

[資　料]

1. 顧客別の売上高および売上原価

顧　客	Ｘ　社	Ｙ　社
売 上 高	1,370,000円	1,370,000円
売上原価	767,200円	685,000円

2. 営業費のコスト・プールとコスト・ドライバー

コスト・プール	金　額	コスト・ドライバー
受注処理費	42,000円	処理時間（時間）
定期運送費	84,000円	回数（回）
緊急運送費	32,000円	回数（回）
販売促進費	280,000円	商談時間（時間）
販売管理費	144,000円	品目数（品目）
情報処理費	44,000円	伝票枚数（枚数）
管理業務費	196,000円	販売員数（人数）

3. 顧客別活動データ

活　動	Ｘ　社	Ｙ　社
受 注 処 理	300時間	400時間
定 期 運 送	20回	15回
緊 急 運 送	0回	2回
商 談・訪 問	40時間	60時間
販 売 管 理	10品目	50品目
情 報 処 理	40枚	70枚
管 理 業 務	2人	5人

問1　Ｘ社、Ｙ社それぞれに割り当てられる営業費の金額を求めなさい。

問2　問1で求めた営業費にもとづいて、Ｙ社に対する営業利益を求めなさい。

製品Ｘを製造販売している当社では、活動基準原価計算による原価計算を行っている。そこで以下の資料にもとづいて、下記の各問に答えなさい。

なお、出荷物流費と顧客サポート費については、販売費に含めること。

［資　料］間接費に関する記録

コスト・プール	年間予算	年間予定 配賦基準総量	実際配賦 基準量
生 産 技 術 費	90,000円	360時間	30時間
機 械 作 業 費	180,000円	900時間	75時間
検 査 費	125,760円	600時間	50時間
出 荷 物 流 費	270,000円	48回	4回
顧客サポート費	4,560円	24回	2回

問 1　製造間接費予定配賦額を計算しなさい。
問 2　販売費予定配賦額を計算しなさい。

問題編

解答・解説

（注）｜　｜内の不要な文字を二重線で消去し、（　　）内には金額を記入しなさい。

問1　新規注文を引き受けた場合、利益が（**1,750,000**）円 ｛増加 / ~~減少~~｝ するので、受注すべきで ｛ある / ~~ない~~｝。

問2　新規注文を引き受けた場合、利益が（**1,250,000**）円 ｛~~増加~~ / 減少｝ するので、受注すべきで ｛~~ある~~ / ない｝。

問3　15,000個の販売単価を引き下げた場合、（**3,884**）円/個までならば、新規注文の引受けは当社にとって有利である。

解説 ···●

　本問は特別注文引受可否の意思決定問題です。

　特別注文引受可否の意思決定では、注文を引き受ける場合と断る場合の両案を比較して、その差額を計算し、差額利益が生じるなら新規注文を引き受け、差額損失が生じるなら新規注文は断ると判断します。

問1

1．製造間接費の固変分解

　　固定費率：9,600,000円 ÷ 12,000時間 = 800円/時間

　　変動費率：1,800円/時間 − 800円/時間 = 1,000円/時間

　　このとき、期待実際操業度12,000時間に対して実際的生産能力が15,000時間であることから、遊休時間が3,000時間だけあり、この遊休時間を利用して追加注文を受けることになります。

　　3,000時間 ÷ 0.8時間/個 = 3,750個

　　よって新規注文の3,500個を引き受けることが可能であることも確認しておきましょう。

　　以上より、単位あたりの変動製造原価は、以下のようになります。

　　@760円 + @800円 + 1,000円/時間 × 0.8時間/個 = @2,360円

　　直接材料費　直接労務費　　　変動製造間接費

2．総額法による解法

	注文を引き受ける案	注文を断る案	差額
収益			
既存販売分	@4,000円×15,000個＝60,000,000円	@4,000円×15,000個＝60,000,000円	0円
新規注文分	@3,000円× 3,500個＝10,500,000円	―― 円	10,500,000円
	70,500,000円	60,000,000円	10,500,000円
変動費			
製造原価	@2,360円×18,500個＝43,660,000円	@2,360円×15,000個＝35,400,000円	8,260,000円
時間外手当	@200円/時間×0.5時間/個×3,500個＝ 350,000円	―― 円	350,000円
販売費			
既存販売分	@ 200円×15,000個＝ 3,000,000円	@ 200円×15,000個＝ 3,000,000円	0円
新規注文分	@ 40円× 3,500個＝ 140,000円	―― 円	140,000円
固定費			
製造原価	9,600,000円	9,600,000円	0円
販売費	3,000,000円	3,000,000円	0円
合計	59,750,000円	51,000,000円	8,750,000円
利益	10,750,000円	9,000,000円	1,750,000円

3．差額法による解法

  Ⅰ．差　額　収　益
   新規注文分売上高　@3,000円×3,500個   ＝10,500,000円
  Ⅱ．差　額　原　価
   変動製造原価
    直接材料費：@ 760円×3,500個 ＝2,660,000円
    直接労務費：(@800円＋200円/時間×0.5時間/個)×3,500個＝3,150,000円
    変動製造間接費：@ 800円×3,500個 ＝2,800,000円
    変動販売費：@ 40円×3,500個 ＝ 140,000円 8,750,000円
  Ⅲ．差　額　利　益   1,750,000円

　以上より、新規注文を引き受けた場合、差額利益が1,750,000円生じるので、この注文は引き受けたほうが有利であることがわかります。

問2

　問1では、新規の注文を引き受けようと断ろうと、既存の顧客への製造・販売分については、従来の価格のまま販売できると仮定しています。しかしながら、この新規注文を特別価格で引き受けることで既存の販売分の販売価格に影響を及ぼすときは、値下げによる収益減少分をマイナスの差額収益として分析計算に計上します。

1. 総額法による解法

	注文を引き受ける案	注文を断る案	差額
収益			
既存販売分	@3,800円×15,000個＝57,000,000円	@4,000円×15,000個＝60,000,000円	△3,000,000円
新規注文分	@3,000円× 3,500個＝10,500,000円	―― 円	10,500,000円
	67,500,000円	60,000,000円	7,500,000円
変動費			
製 造 原 価	@2,360円×18,500個＝43,660,000円	@2,360円×15,000個＝35,400,000円	8,260,000円
時間外手当	@200円/時間×0.5時間/個×3,500個＝ 350,000円	―― 円	350,000円
販売費			
既存販売分	@ 200円×15,000個＝ 3,000,000円	@ 200円×15,000個＝ 3,000,000円	0円
新規注文分	@ 40円× 3,500個＝ 140,000円	―― 円	140,000円
固定費			
製 造 原 価	9,600,000円	9,600,000円	0円
販 売 費	3,000,000円	3,000,000円	0円
合 計	59,750,000円	51,000,000円	8,750,000円
利 益	7,750,000円	9,000,000円	△1,250,000円

2. 差額法による解法

Ⅰ. 差 額 収 益
　　新規注文分売上高　　@3,000円× 3,500個　　＝ 10,500,000円
　　既存売上高減少分　　△@ 200円×15,000個　　＝△3,000,000円　　7,500,000円
Ⅱ. 差 額 原 価
　　直 接 材 料 費：@ 760円× 3,500円　＝ 2,660,000円
　　直 接 労 務 費：(@800円＋200円/時間×0.5時間/個)×3,500個　＝ 3,150,000円
　　変動製造間接費：@ 800円× 3,500個　＝ 2,800,000円
　　変 動 販 売 費：@ 40円× 3,500個　＝ 140,000円　　8,750,000円
Ⅲ. 差 額 利 益　　　　　　　　　　　　　　　　　　　　　　△1,250,000円

　以上より、新規注文を引き受けた場合、差額損失が1,250,000円生じるので、この注文は断ったほうが有利であることがわかります。

問3

製品1個あたりの値下額をx円とすると、以下のような式が成り立ちます。

$\underbrace{(10,500,000\text{円} - 15,000\ x\text{円})}_{\text{差額収益}} - \underbrace{8,750,000\text{円}}_{\text{差額原価}} > 0$

1,750,000円 > 15,000 x円

116.666…円 > x

4,000円/個 - 116.666…円/個 = 3,883.333…円/個

よって、3,884円/個までの販売単価の引下げであれば、新規注文の引受けは有利となることがわかります。

解答 2

問1

予 算 損 益 計 算 書（単位：円）

売 上 高	(120,000,000)
変 動 売 上 原 価	(88,800,000)
変 動 製 造 マージン	(31,200,000)
変 動 販 売 費	(6,000,000)
貢 献 利 益	(25,200,000)
固 定 費	(19,300,000)
営 業 利 益	(5,900,000)

問2

X社からの追加注文を拒否すれば、営業利益は [2,750,000] 円となる。

X社からの追加注文を受諾すれば、営業利益は [3,570,000] 円となる。

よって追加注文を受諾したほうが、営業利益は [820,000] 円だけ ⎰大きい⎱ の ⎱小さい⎰

で、この注文は ⎰受諾⎱ すべきである。 ⎱拒否⎰

（注）{ } 内の不要な文字を二重線で消去しなさい。

解説 ●

本問は特別注文引受可否の意思決定問題です。

問1　予算損益計算書の作成

1．材料購入についての意思決定

来年度の予算販売量が12,000個であることから、来年度の直接材料の必要量は48,000kg*となります。そこで、来年度の材料購入原価と倉庫賃借料の合計額が最小になるものを選択します。

＊　4kg/個 × 12,000個 = 48,000kg

(1) 500kgずつ購入する場合

1,000円/kg × 48,000kg = 48,000,000円

(2) 1,500kgずつ購入する場合

1,000円/kg × (1 − 0.05) × 48,000kg + 250,000円 × 12カ月 = 48,600,000円

(3) 2,000kgずつ購入する場合

1,000円/kg × (1 − 0.08) × 48,000kg + 325,000円 × 12カ月 = 48,060,000円

以上より、来年度は、材料を1,000円/kgで48,000kg購入し、倉庫賃借料0円とするのが最も有利であることがわかります。

2．予算損益計算書の各金額

売　　　　上　　高：10,000円/個 × 12,000個　　　　　　= 120,000,000円

変 動 売 上 原 価：

直 接 材 料 費；1,000円/kg × 4 kg/個 × 12,000個　　　　= 48,000,000円

直 接 労 務 費；800円/時 × 2 直接作業時間/個 × 12,000個 = 19,200,000円

変動製造間接費；600円/時 × 3 機械時間/個 × 12,000個　　= 21,600,000円

合　　　　計　　　　　　　　　　　　　　　　　　　　88,800,000円

変 動 販 売 費：500円/個 × 12,000個　　　　= 　6,000,000円

固　　定　　費：10,800,000円 + 8,500,000円　= 　19,300,000円

問2　受注可否の意思決定

1．追加注文を拒否した場合

追加注文を拒否した場合、X社との取引は消滅するため、来年度の予算販売量は10,500個*となります。

＊　12,000個 − 1,500個 = 10,500個

(1) 材料購入についての意思決定

来年度の直接材料の必要量は42,000kg*となります。

そこで、来年度の材料購入原価と倉庫賃借料の合計額が最小になるものを選択します。

＊　4 kg/個 × 10,500個 = 42,000kg

① 500kgずつ購入する場合

1,000円/kg × 42,000kg = 42,000,000円

② 1,500kgずつ購入する場合

1,000円/kg × (1 − 0.05) × 42,000kg + 250,000円 × 12カ月 = 42,900,000円

③ 2,000kgずつ購入する場合

1,000円/kg × (1 − 0.08) × 42,000kg + 325,000円 × 12カ月 = 42,540,000円

以上より、来年度の材料を500kgずつ42,000kg購入し、倉庫賃借料は0円とするのが最も有利であることがわかります。

(2) 営業利益の計算

売上高：10,000円/個×10,500個＝105,000,000円

直接材料費：1,000円/kg×4kg/個×10,500個＝42,000,000円

直接労務費：800円/時×2直接作業時間/個×10,500個＝16,800,000円

変動製造間接費：600円/時×3機械時間/個×10,500個＝18,900,000円

変動販売費：500円/個×10,500個＝5,250,000円

固定費：10,800,000円＋8,500,000円＝19,300,000円

∴営業利益＝105,000,000円－（42,000,000円＋16,800,000円＋18,900,000円＋5,250,000円＋19,300,000円）＝2,750,000円

2．追加注文を受諾した場合

追加注文した場合、来年度の予算販売量は13,500個＊となります。

＊　12,000個＋1,500個＝13,500個

(1) 材料購入についての意思決定

来年度の直接材料の必要量は54,000kg＊となります。

そこで、来年度の材料購入原価と倉庫賃借料の合計額が最小になるものを選択します。

＊　4kg/個×13,500個＝54,000kg

① 500kgずつ購入する場合

1,000円/kg×54,000kg＝54,000,000円

② 1,500kgずつ購入する場合

1,000円/kg×（1－0.05）×54,000kg＋250,000円×12カ月＝54,300,000円

③ 2,000kgずつ購入する場合

1,000円/kg×（1－0.08）×54,000kg＋325,000円×12カ月＝53,580,000円

以上より、来年度の材料を920円/kgで54,000kg購入し、倉庫賃借料は3,900,000円〈年額〉とするのが最も有利であることがわかります。

(2) 営業利益の計算

売上高：10,000円/個×（12,000個－1,500個）＋10,000円/個×（1－0.15）×（1,500個＋1,500個）＝130,500,000円

直接材料費：920円/kg×4kg/個×13,500個＝49,680,000円

直接労務費：800円/時×25,000直接作業時間＋1,000円/時×（2時/個×13,500個－25,000直接作業時間）＝22,000,000円

変動製造間接費：600円/時×3機械時間/個×13,500個＝24,300,000円

変動販売費：500円/個×13,500個＝6,750,000円

固定費：10,800,000円＋1,000,000円〈機械リース料〉＋325,000円×12カ月〈倉庫賃借料〉＋8,500,000円＝24,200,000円

∴営業利益：130,500,000円－（49,680,000円＋22,000,000円＋24,300,000円＋6,750,000円＋24,200,000円）＝3,570,000円

3. 結論

追加注文を受諾したほうが営業利益820,000円*だけ大きいので、この注文は受諾すべきであることがわかります。

* 3,570,000円 − 2,750,000円 = 820,000円

解答 3

(注) 下記の ☐ 内に計算結果を記入しなさい。問3、問4では内製・購入のうち、該当する文字または文章を○で囲み、不要な文字または文章を二重線で消しなさい。また、問4の [ ] には適切な番号を記入しなさい。

問1　第2製造部の製造間接費の原価分解

(1) 製品1台あたりの変動製造間接費　☐ 740 ☐ 円

(2) 月間の固定製造間接費　☐ 342,400 ☐ 円

問2

第2製造部長の6カ月間の給料総額　☐ 660,000 ☐ 円

問3

(1) 次期6カ月間の生産量が ☐ 7,000 ☐ 台より多ければ、

{ ⃝内製 / ~~購入~~ } が有利である。

~~内製、購入どちらでもよい。~~

(2) 次期6カ月間の生産量が ☐ 7,000 ☐ 台より少なければ、

{ ~~内製~~ / ⃝購入 } が有利である。

~~内製、購入どちらでもよい。~~

(3) 次期6カ月間の生産量が ☐ 7,000 ☐ 台に等しければ、

{ ~~内製~~ / ~~購入~~ } が有利である。

(⃝内製、購入どちらでもよい。)

問4

(1) 外部倉庫の賃借料節約額は、内製というコース選択にとって [③] であるといえる。

(2) 次期6カ月間の生産量が ☐ 6,600 ☐ 台より多ければ、

{ ⃝内製 / ~~購入~~ } が有利である。

~~内製、購入どちらでもよい。~~

本問は部品の内製か購入かの意思決定問題です。

問1　高低点法における固変分解

(1)　変動費率：$\dfrac{1,482,000 円 - 1,260,000 円}{1,540 台 - 1,240 台} = 740 円 / 台$

(2)　固 定 費：$1,260,000 円 - 740 円 / 台 \times 1,240 台 = 342,400 円$

　　　　　　　または、$1,482,000 円 - 740 円 / 台 \times 1,540 台 = 342,400 円$

問2

6カ月間の固定製造間接費：$342,400 円 \times 6 カ月 = 2,054,400 円$

第2製造部長の給料総額：$2,054,400 円 - (481,000 円 + 453,400 円 + 460,000 円) = 660,000 円$

問3

　　内製した場合の製造原価のうち、購入した場合においても同額発生するものは、この意思決定には無関係な原価である埋没原価（無関連原価）となります。

　　本問における埋没原価は、共通管理費賦課額481,000円と機械減価償却費等の453,400円です。

(1)　内製した場合の差額原価

　　変動費：直 接 材 料 費；$4,800,000 円 \div 8,000 台 = $　600円/台

　　　　　　直 接 労 務 費；$6,400,000 円 \div 8,000 台 = $　800円/台

　　　　　　変動製造間接費；　　　　　　　　　740円/台

　　　　　　　　　　　　　　　　　　　　　　2,140円/台

　　固定費：そ　の　他；　460,000円

　　　　　　部長の給料；　660,000円

　　　　　　　　　　　　1,120,000円

(2)　購入原価：2,300円/台

(3)　内製した場合の原価と購入した場合の原価が等しくなる数量を x とすると、以下のような式が立てられます。

　　　　$2,140 x + 1,120,000 円 = 2,300 x$

　　　　　　$1,120,000 円 = 160 x$

　　　　　　　　　　$x = 7,000（台）$

　　したがって、7,000台のとき両者の原価は等しくなり内製でも購入でもどちらでもよいといえます。しかし7,000台より多ければ変動費率が購入単価よりも低い（2,140円＜2,300円）内製が有利であり、逆に7,000台より少なければ購入が有利であるとわかります。

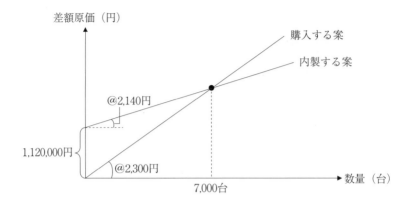

問4

(1) 内製する案を選択すれば、倉庫賃借料の236,000円をあきらめる必要があります。言い換えれば、この節約額は内製するために必要な犠牲額であり、この犠牲額を機会原価（③）といいます。内製する場合には、この節約額が原価としてかかっていると考えます。

(2) 6,000台を境に購入単価が変化するので、まず6,000台において、どちらが有利かを考えます。

購入する場合：2,350円／台 × 6,000台 = 14,100,000円

内製の場合：2,140円／台 × 6,000台 + 1,120,000円 + 236,000円 = 14,196,000円
　　　　　　　　　　　　　　　　　　　　　　　　　　　　　　　 機会原価

したがって6,000台であれば内製したほうが、96,000円だけ原価が高いが、その後1台あたり160円*ずつ原価の差額が少なくなります。

＊　2,300円／台 － 2,140円／台 = 160円／台

よって、両者の原価が等しくなる数量は、次のように求めることができます。

$$6{,}000台 + \frac{96{,}000円}{160円} = 6{,}600台$$

差額原価（円）

したがって6,600台より多ければ、内製が有利であることがわかります。

44

(注) 下記の ☐ 内に該当する文字または数字を記入し、「高い・低い」および「有利・不利」のいずれか不要のものを二重線で消去しなさい。

問1

　この問題を解決する最も適切な原価は ⑨ である。

問2

　A案のほうが、B案よりも原価が 720 万円 {高い／低い} ので、A案のほうが {有利／~~不利~~} である。

問3

　部品Aの年間必要量が 7,001 個以上ならば、A案のほうが {有利／~~不利~~} である。

問4

　A案のほうが、C案よりも原価が 120 万円 {~~高い~~／低い} ので、A案のほうが {有利／~~不利~~} である。

解説 ・・●

　本問は、部品の自製（内製）か購入かの意思決定問題です。

問1

　自製か購入かなどの意思決定のために必要な原価は、各代替案のもとでその発生額の異なる差額原価（⑨）です。

問2

(1) A案（自製案）の差額原価

材　　料　　費：6,000円/kg ×	1 kg/個× 8,000個＝	48,000,000 円
6,000円/kg ×0.9 ×	1 kg/個× 2,000個＝	10,800,000 円
労　　務　　費：6,000円/時間×	0.5時間/個×10,000個＝	30,000,000 円
6,000円/時間×0.4×	0.5時間/個×10,000個＝	12,000,000 円
変動製造間接費：3,600円/時間×	0.5時間/個×10,000個＝	18,000,000 円
リ　ー　ス　料：		14,000,000 円
合計		132,800,000 円

(2) B案（購入案）の差額原価

14,000円/個×10,000個＝140,000,000円

(3) 両案の比較

140,000,000円〈B案〉－132,800,000円〈A案〉＝7,200,000円

　以上より、A案のほうがB案よりも原価が720万円低いので、A案のほうが有利であることがわかります。

問3

　8,000個を境にA案の単位あたり製造原価が変化するので、まず8,000個までの範囲でA案とB案を比較してみると、以下のようになります。

　（A案）：12,000円／個＊1 × 8,000個 ＋ 14,000,000円 ＝ 110,000,000円

　　＊1　　A案の単位あたりの差額原価：
　　　　　6,000円／kg × 1 kg／個 ＋ 6,000円／時間 × 1.4 × 0.5時間／個 ＋ 3,600円／時間 × 0.5時間／個 ＝ 12,000円／個

　（B案）：14,000円／個 × 8,000個 ＝ 112,000,000円

　したがって8,000個までで、すでにA案のほうが有利であることが判明するので、求める数量は8,000個未満であることがわかります。

　そこでA案とB案が等しくなる数量を x とおいて、x を計算します。

$$12,000\ x + 14,000,000 = 14,000\ x$$
$$14,000,000 = 2,000\ x$$
$$x = 7,000\ （個）$$

　したがって、7,000個のとき両案の原価が等しくなるので、7,001個以上ならば変動費率の低いA案のほうが有利であることがわかります。

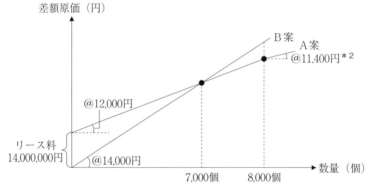

　　＊2　　A案の単位あたりの差額原価：
　　　　　6,000円／kg × 0.9 × 1 kg／個 ＋ 6,000円／時間 × 1.4 × 0.5時間／個 ＋ 3,600円／時間 × 0.5時間／個 ＝ 11,400円／個

問4

(1)　A案（部品Aを自製し、部品Bを購入する案）の差額原価
　　　部品Aの変動製造原価：問2より　　　　　　132,800,000円
　　　部品Bの購入原価：18,000円／個 × 5,000個 ＝ 　90,000,000円
　　　　　　合　計　　　　　　　　　　　　　　　222,800,000円

(2) C案（部品Aを購入し、部品Bを自製する案）の差額原価

部品Aの購入原価 ：14,000円/個 ×10,000個 ＝140,000,000円

部品Bの変動製造原価：

材料費 ： 4,800円/kg × 1 kg/個×5,000個＝ 24,000,000円

労務費 ： 6,000円/時間× 1 時間/個×5,000個＝ 30,000,000円

6,000円/時間×0.4×1 時間/個×5,000個＝ 12,000,000円

製造間接費： 3,600円/時間× 1 時間/個×5,000個＝ 18,000,000円

小　計 84,000,000円

合　計 224,000,000円

(3) 両案の比較

224,000,000円〈C案〉−222,800,000円〈A案〉＝1,200,000円

以上より、A案のほうがC案よりも原価が120万円低いのでA案のほうが有利であることがわかります。

解答 5

問1

製　　品	A	B	C	合　計
製品単位あたり製造原価	16,800円	11,000円	6,900円	——
売　上　総　利　益	6,600万円	△1,500万円	1,600万円	6,700万円

（注）マイナスの場合は金額の前に△を付すこと。

問2

製　　品	A	B	C	合　計
売　上　総　利　益	3,418万円	2,209万円	1,073万円	6,700万円

（注）マイナスの場合は金額の前に△を付すこと。

問3

製　　品	A	B	C	合　計
売　上　総　利　益	3,600万円	2,529万円	571万円	6,700万円

（注）マイナスの場合は金額の前に△を付すこと。

問4

	工場全体の売上総利益
(1)	7,150万円
(2)	7,750万円
(3)	6,600万円
(4)	8,200万円

（注）マイナスの場合は金額の前に△を付すこと。

本問は、連産品の各製品品種を追加加工するかどうかの意思決定問題です。

問1　連結原価の配賦（物量基準）

1．生産のアウトラインの把握

　　本問では連産品である最終製品Ａ、Ｂ、Ｃが2つの製造工程を経て生産されるため、連結原価となる製造工程ⅠとⅡの製造原価の配賦計算が段階的に行われることに注意しなければなりません。

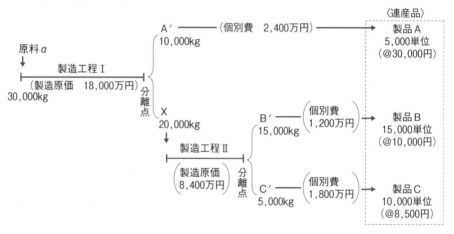

2．物量基準による配賦

　　各工程の連結原価を各連産品の分離点における重量（kg）を基準に配賦します。したがって製造工程Ⅰの製造原価18,000万円はいったん製造工程Ⅰで分離される中間生産物Ａ′とＸに配賦されます。このうちＸへの配賦額は製造工程Ⅱの前工程費となり、改めて製造工程Ⅱで分離される中間生産物Ｂ′とＣ′に配賦されます。

(1)　製造工程Ⅰでの連結原価の配賦計算

$$\text{Ａ′への配賦額：} \frac{18,000\text{万円}}{10,000\text{kg}+20,000\text{kg}} \times 10,000\text{kg} = 6,000\text{万円}$$

$$\text{Ｘへの配賦額：} \frac{18,000\text{万円}}{10,000\text{kg}+20,000\text{kg}} \times 20,000\text{kg} = 12,000\text{万円}$$

(2)　製造工程Ⅱでの連結原価の配賦計算

①　前工程費（Ｘへの配賦額）12,000万円の配賦計算

$$\text{Ｂ′への配賦額：} \frac{12,000\text{万円}}{15,000\text{kg}+5,000\text{kg}} \times 15,000\text{kg} = 9,000\text{万円}$$

$$\text{Ｃ′への配賦額：} \frac{12,000\text{万円}}{15,000\text{kg}+5,000\text{kg}} \times 5,000\text{kg} = 3,000\text{万円}$$

② 製造工程Ⅱの製造原価8,400万円の配賦計算

$$B' への配賦額：\frac{8,400万円}{15,000kg + 5,000kg} \times 15,000kg = 6,300万円$$

$$C' への配賦額：\frac{8,400万円}{15,000kg + 5,000kg} \times 5,000kg = 2,100万円$$

(3) 各製品単位あたり製造原価および売上総利益

	A	B	C	合 計
売　上　高	30,000円/単位×5,000単位	10,000円/単位×15,000単位	8,500円/単位×10,000単位	
	= 15,000万円	= 15,000万円	= 8,500万円	38,500万円
売　上　原　価				
連結原価配賦額				
製 造 工 程 Ⅰ	6,000万円	9,000万円	3,000万円	18,000万円
製 造 工 程 Ⅱ	——	6,300万円	2,100万円	8,400万円
分 離 後 個 別 費	2,400万円	1,200万円	1,800万円	5,400万円
合　　　計	8,400万円	16,500万円	6,900万円	31,800万円
差引：売上総利益	6,600万円	△1,500万円	1,600万円	6,700万円

〈単位あたり製造原価〉
　製品A： 8,400万円 ÷ 5,000単位 = 16,800円/単位
　製品B：16,500万円 ÷ 15,000単位 = 11,000円/単位
　製品C： 6,900万円 ÷ 10,000単位 = 6,900円/単位

問2　連結原価の配賦（見積正味実現可能価額基準）

　各工程の連結原価を分離点における見積正味実現可能価額により、各連産品に配賦します。ここで分離点における見積正味実現可能価額とは、最終製品の市価から分離後の個別費を差し引いた金額をいいます。

　したがって、製造工程ⅠでのXへの配賦計算においては、製造工程Ⅱの製造原価8,400万円も分離後の個別費となることに注意しなければなりません。

1．製造工程Ⅰでの連結原価の配賦計算

(1) 分離点における見積正味実現可能価額の計算
　A'：30,000円/単位×5,000単位 − 2,400万円 = 12,600万円
　X：（10,000円/単位×15,000単位 + 8,500円/単位×10,000単位）−（1,200万円 + 1,800万円 + 8,400万円）= 12,100万円

(2) 連結原価の配賦計算

$$A' への配賦額：\frac{18,000万円}{12,600万円 + 12,100万円} \times 12,600万円 ≒ 9,182万円$$
$$（万円未満四捨五入）$$

$$X への配賦額：\frac{18,000万円}{12,600万円 + 12,100万円} \times 12,100万円 ≒ 8,818万円$$
$$（万円未満四捨五入）$$

2．製造工程Ⅱでの連結原価の配賦計算

(1) 分離点における見積正味実現可能価額の計算

B′：10,000 円/単位 × 15,000 単位 − 1,200 万円 = 13,800 万円

C′： 8,500 円/単位 × 10,000 単位 − 1,800 万円 = 6,700 万円

(2) 前工程費（Xへの配賦額）8,818 万円の配賦計算

B′への配賦額：$\dfrac{8,818\,万円}{13,800\,万円 + 6,700\,万円} × 13,800\,万円 ≒ 5,936\,万円$

（万円未満四捨五入）

C′への配賦額：$\dfrac{8,818\,万円}{13,800\,万円 + 6,700\,万円} × 6,700\,万円 ≒ 2,882\,万円$

（万円未満四捨五入）

(3) 製造工程Ⅱの製造原価8,400 万円の配賦計算

B′への配賦額：$\dfrac{8,400\,万円}{13,800\,万円 + 6,700\,万円} × 13,800\,万円 ≒ 5,655\,万円$

（万円未満四捨五入）

C′への配賦額：$\dfrac{8,400\,万円}{13,800\,万円 + 6,700\,万円} × 6,700\,万円 ≒ 2,745\,万円$

（万円未満四捨五入）

3．製品別の売上総利益

	A	B	C	合　計
売　　　上　　　高	30,000円/単位×5,000単位 = 15,000万円	10,000円/単位×15,000単位 = 15,000万円	8,500円/単位×10,000単位 = 8,500万円	38,500万円
売　上　原　価				
連結原価配賦額				
製 造 工 程 Ⅰ	9,182万円	5,936万円	2,882万円	18,000万円
製 造 工 程 Ⅱ	——	5,655万円	2,745万円	8,400万円
分 離 後 個 別 費	2,400万円	1,200万円	1,800万円	5,400万円
合　　　計	11,582万円	12,791万円	7,427万円	31,800万円
差引：売上総利益	3,418万円	2,209万円	1,073万円	6,700万円

問3　連結原価の配賦（分離点市価基準）

問2と同じく、各製品の収益力にもとづいて原価を割り当てますが、中間生産物に外部市場が存在し市場価格があるため、中間生産物の分離点における市場価格にもとづいて連結原価を配賦します。

1．製造工程Ⅰでの連結原価の配賦計算

(1) 分離点における市価総額の計算

A′：12,000 円/kg × 10,000kg = 12,000 万円

X ： 6,000 円/kg × 20,000kg = 12,000 万円

(2) 連結原価の配賦計算

A′への配賦額：$\dfrac{18,000 万円}{12,000 万円 + 12,000 万円} \times 12,000 万円 = 9,000 万円$

X への配賦額：$\dfrac{18,000 万円}{12,000 万円 + 12,000 万円} \times 12,000 万円 = 9,000 万円$

２．製造工程Ⅱでの連結原価の配賦計算

(1) 分離点における市価総額の計算

B′： 9,500 円/kg × 15,000kg = 14,250 万円

C′：15,500 円/kg × 5,000kg = 7,750 万円

(2) 前工程費（Xへの配賦額）9,000 万円の配賦計算

B′への配賦額：$\dfrac{9,000 万円}{14,250 万円 + 7,750 万円} \times 14,250 万円 ≒ 5,830 万円$

（万円未満四捨五入）

C′への配賦額：$\dfrac{9,000 万円}{14,250 万円 + 7,750 万円} \times 7,750 万円 ≒ 3,170 万円$

（万円未満四捨五入）

(3) 製造工程Ⅱの製造原価8,400 万円の配賦計算

B′への配賦額：$\dfrac{8,400 万円}{14,250 万円 + 7,750 万円} \times 14,250 万円 ≒ 5,441 万円$

（万円未満四捨五入）

C′への配賦額：$\dfrac{8,400 万円}{14,250 万円 + 7,750 万円} \times 7,750 万円 ≒ 2,959 万円$

（万円未満四捨五入）

３．製品別の売上総利益

	A	B	C	合 計
売 上 高	30,000円/単位×5,000単位	10,000円/単位×15,000単位	8,500円/単位×10,000単位	
	= 15,000万円	= 15,000万円	= 8,500万円	38,500万円
売 上 原 価				
連結原価配賦額				
製 造 工 程 Ⅰ	9,000万円	5,830万円	3,170万円	18,000万円
製 造 工 程 Ⅱ	——	5,441万円	2,959万円	8,400万円
分 離 後 個 別 費	2,400万円	1,200万円	1,800万円	5,400万円
合　　　計	11,400万円	12,471万円	7,929万円	31,800万円
差引：売上総利益	3,600万円	2,529万円	571万円	6,700万円

問4　工場全体の売上総利益の計算

　連産品の追加加工の有無により販売製品の組み合わせが複数考えられ、その各代替案を選択することによって、工場全体の売上総利益がどう変化するか把握します。

　問1〜問3では連結原価の配賦方法の違いにより製品別の売上総利益は異なっていますが、工場全体での売上総利益は同一です。すなわち連結原価は特定の代替案の選択によって発生額の異ならない埋没原価であるため、この計算において連結原価の配賦計算は不要です。

(1)　A、B′、Cで生産販売する場合

売　上　高：$\underline{30,000\text{円}/\text{単位}\times5,000\text{単位}}+\underline{9,500\text{円}/\text{kg}\times15,000\text{kg}}+\underline{8,500\text{円}/\text{単位}\times10,000\text{単位}}=37,750\text{万円}$
　　　　　　　　　　A　　　　　　　　　　　　B′　　　　　　　　　　　C

売上原価：$\underline{18,000\text{万円}}+\underline{8,400\text{万円}}+\underline{2,400\text{万円}}+\underline{1,800\text{万円}}=30,600\text{万円}$
　　　　　　製造工程Ⅰ　製造工程Ⅱ　A個別費　C個別費

売上総利益：$37,750\text{万円}-30,600\text{万円}=7,150\text{万円}$

(2)　A、B、C′で生産販売する場合

売　上　高：$\underline{30,000\text{円}/\text{単位}\times5,000\text{単位}}+\underline{10,000\text{円}/\text{単位}\times15,000\text{単位}}+\underline{15,500\text{円}/\text{kg}\times5,000\text{kg}}=37,750\text{万円}$
　　　　　　　　　　A　　　　　　　　　　　　B　　　　　　　　　　　C′

売上原価：$\underline{18,000\text{万円}}+\underline{8,400\text{万円}}+\underline{2,400\text{万円}}+\underline{1,200\text{万円}}=30,000\text{万円}$
　　　　　　製造工程Ⅰ　製造工程Ⅱ　A個別費　B個別費

売上総利益：$37,750\text{万円}-30,000\text{万円}=7,750\text{万円}$

(3)　A、Xで生産販売する場合

売　上　高：$\underline{30,000\text{円}/\text{単位}\times5,000\text{単位}}+\underline{6,000\text{円}/\text{kg}\times20,000\text{kg}}=27,000\text{万円}$
　　　　　　　　　　A　　　　　　　　　　　X

売上原価：$\underline{18,000\text{万円}}+\underline{2,400\text{万円}}=20,400\text{万円}$
　　　　　　製造工程Ⅰ　A個別費

売上総利益：$27,000\text{万円}-20,400\text{万円}=6,600\text{万円}$

(4)　A、B′、C′で生産販売する場合

売　上　高：$\underline{30,000\text{円}/\text{単位}\times5,000\text{単位}}+\underline{9,500\text{円}/\text{kg}\times15,000\text{kg}}+\underline{15,500\text{円}/\text{kg}\times5,000\text{kg}}=37,000\text{万円}$
　　　　　　　　　　A　　　　　　　　　　　　B′　　　　　　　　　　　C′

売上原価：$\underline{18,000\text{万円}}+\underline{8,400\text{万円}}+\underline{2,400\text{万円}}=28,800\text{万円}$
　　　　　　製造工程Ⅰ　製造工程Ⅱ　A個別費

売上総利益：$37,000\text{万円}-28,800\text{万円}=8,200\text{万円}$

　製品Ｃの生産・販売を継続することで　| 78,000 |　円の $\left\{\begin{array}{l}差額利益\\ \cancel{差額損失}\end{array}\right\}$ が発生する

ので、製品Ｃの生産・販売を廃止すべきで $\left\{\begin{array}{l}\cancel{ある}\\ ない\end{array}\right\}$ 。

（注）不要な文字を二重線で消しなさい。

解説

本問は、セグメントの継続か廃止かの意思決定の問題です。

1．セグメント別損益計算書の作成

　セグメントの継続か廃止かの意思決定計算では、固定費を細分した直接原価計算方式の
セグメント別損益計算書を作成します。

セ グ メ ン ト 別 損 益 計 算 書

	製品Ａ	製品Ｂ	製品Ｃ	合　計
売　上　高	1,000,000円	900,000円	300,000円	2,200,000円
変　動　費	400,000	300,000	180,000	880,000
貢 献 利 益	600,000円	600,000円	120,000円	1,320,000円
個 別 固 定 費	24,000	96,000	42,000	162,000
製品貢献利益	576,000円	504,000円	78,000円	1,158,000円
共 通 固 定 費				934,000
営 業 利 益				224,000円

　この損益計算書によれば製品Ｃは78,000円の製品貢献利益（セグメント・マージン）を
獲得しており、同額だけ企業全体の営業利益の獲得に役立っているため、製品Ｃは廃止す
べきではありません。

2．差額法による分析

Ⅰ．差　額　収　益		
売　上　高		300,000円
Ⅱ．差　額　原　価		
変　動　費	180,000円	
賃　借　料	39,000	
保　険　料	3,000	222,000円
Ⅲ．差　額　利　益		78,000円

　以上より、製品Ｃの生産、販売を継続することによって差額利益が78,000円だけ得られ
るので廃止すべきではありません。

解答 7

問1

(1) 材料Mの1回あたりの発注費　　　　　| 2,000 | 円

(2) 材料Mの1個あたりの年間保管費　　　| 1,000 | 円

(3) 材料Mの経済的発注量　　　　　　　 | 200 | 個

問2

乙案のほうが甲案よりも原価が | 2,500 | 円 $\left\{\begin{array}{c}高\\ \text{⃝}低\end{array}\right\}$ く、$\left\{\begin{array}{c}\text{⃝}不利\\ 有利\end{array}\right\}$ である。

（注）該当する文字を○で囲みなさい。

問3

(1) 問1の経済的発注量を採用したときの

　　値引を受けられないことによる年間の機会損失　　　| 1,200,000 | 円

(2) 1回に800個ずつ発注する場合の年間保管費　　　　　| 395,600 | 円

(3) 1回に | 400 | 個ずつ発注するのが最も有利である。

　　なぜならば、このロットの発注費、保管費および機会損失の年間合計額が

　　| 448,000 | 円となり、この年間合計額が他のロットで発注するよりも最低となるからである。

解説

本問は、経済的発注量の計算の総合問題です。

問1

(1) **材料Mの1回あたりの発注費**

　　300円〈電話料〉＋ 1,700円〈事務用消耗品費〉＝ 2,000円／回

(2) **材料Mの1個あたりの年間保管費**

　　500円〈年間火災保険料〉＋ $\underset{\text{資本コスト}}{\underline{5,000円 × 10\%}}$ ＝ 1,000円／個

(3) **経済的発注量の計算**

　　年間発注費 ＝ 1回あたりの発注費 × $\dfrac{材料Mの年間予定総消費量}{1回あたりの発注量}$

　　年間保管費 ＝ 1個あたりの年間保管費 × $\dfrac{1回あたりの発注量}{2}$

　　1回あたりの発注量をLとすると、以下のような式が立てられます。

　　年間発注費 ＝ 2,000円 × $\dfrac{10,000個}{L}$

　　年間保管費 ＝ 1,000円 × $\dfrac{L}{2}$

　　年間発注費＝年間保管費となるLが在庫品関係費用が最も少なくてすむ発注量（経済的発注量）となります。

54

$$2,000\,円 \times \frac{10,000\,個}{L} = 1,000\,円 \times \frac{L}{2}$$

$$\frac{20,000,000}{L} = 500\,L$$

$$20,000,000 = 500\,L^2$$

$$40,000 = L^2$$

$$L = 200$$

以上より、材料Mの経済的発注量は200個となります。

問2

[甲案] 1回あたりの発注量が125個であったときの在庫品関係費用

$$\underbrace{\frac{10,000\,個}{125\,個} \times 2,000\,円/回}_{\text{年間発注費}} + \underbrace{\frac{125\,個}{2} \times 1,000\,円/個}_{\text{年間保管費}} = 222,500\,円$$

[乙案] 1回あたりの発注量が200個であったときの在庫品関係費用および貸倉庫の年間賃借料の合計額

$$\underbrace{\frac{10,000\,個}{200\,個} \times 2,000\,円/回}_{\text{年間発注費}} + \underbrace{\frac{200\,個}{2} \times 1,000\,円/個}_{\text{年間保管費}} + \underbrace{20,000\,円}_{\text{年間賃借料}} = 220,000\,円$$

したがって、乙案のほうが原価が2,500円低く、有利であることがわかります。

問3

(1) 値引を受けられないことによる年間の機会損失

1回あたり200個を発注した場合、最大で1個あたり2.4%の値引を断念しなければならないことになります。

$$5,000\,円/個 \times 2.4\% \times 10,000\,個 = 1,200,000\,円$$

(2) 1回に800個ずつ発注する場合の年間保管費

材料Mの1個あたり年間保管費：500円/個 + 5,000円/個 × (100% − 2.2%) × 10%

$$= 989\,円/個$$

$$\frac{800\,個}{2} \times 989\,円/個 = 395,600\,円$$

(3) 経済的発注量の算定

本問は発注量がそれぞれ200個、400個、800個、1,000個のときの発注費と保管費および機会損失を計算し、その合計額が最も低い発注量を求めます。

(単位：円)

発注量	①発注費	②保管費	③機会損失	合計
200個	100,000	100,000	1,200,000	1,400,000
400個	50,000	198,000	200,000	448,000
800個	25,000	395,600	100,000	520,600
1,000個	20,000	494,000	0	514,000

① 発注費の計算

$$年間発注費 = \frac{材料Mの年間予定総消費量}{1回あたりの発注量} \times 1回あたりの発注費$$

〈例〉200個のとき

$$\frac{10,000個}{200個} \times 2,000円/回 = 100,000円$$

② 保管費の計算

値引の条件が1回あたりの発注量により変化するので、1個あたりの年間保管費の条件も変化します。

$\quad$ 200個のとき： 200個 ÷ 2 × 1,000円/個 $\quad$ = 100,000円

$\quad$ 400個のとき： 400個 ÷ 2 × 990円/個*1 = 198,000円

$\quad$ 800個のとき： 800個 ÷ 2 × 989円/個*2 = 395,600円

1,000個のとき：1,000個 ÷ 2 × 988円/個*3 = 494,000円

$\quad$ *1 $\quad$ 500円/個 + 5,000円/個 × (100% − 2.0%) × 10% = 990円/個

$\quad$ *2 $\quad$ 500円/個 + 5,000円/個 × (100% − 2.2%) × 10% = 989円/個

$\quad$ *3 $\quad$ 500円/個 + 5,000円/個 × (100% − 2.4%) × 10% = 988円/個

③ 機会損失の計算

$\quad$ 200個のとき：5,000円/個 × $\quad$ 2.4% $\quad$ × 10,000個 = 1,200,000円

$\quad$ 400個のとき：5,000円/個 × (2.4% − 2.0%) × 10,000個 = $\quad$ 200,000円

$\quad$ 800個のとき：5,000円/個 × (2.4% − 2.2%) × 10,000個 = $\quad$ 100,000円

以上より、400個のときの448,000円が最も原価が低く有利であることがわかります。

解答 8

問1

	正味現在価値	順位	判　断
A	(△) 400 　万円	3	採用すべきで（　ある　・（ない））
B	(+) 625.4万円	1	採用すべきで（（ある）・　ない　）
C	(+) 593.4万円	2	採用すべきで（（ある）・　ない　）

（注）（　）内は適切な文字を○で囲むこと（以下同様）。

問2

	収益性指数	順位	判　断
A	0.98	3	採用すべきで（　ある　・（ない））
B	1.06	1	採用すべきで（（ある）・　ない　）
C	1.04	2	採用すべきで（（ある）・　ない　）

問3

	内部利益率	順位	判　断
A	4％	3	採用すべきで（　ある　・（ない））
B	8％	1	採用すべきで（（ある）・　ない　）
C	7％	2	採用すべきで（（ある）・　ない　）

解説

　本問は、貨幣の時間価値を考慮する意思決定モデル方法により、設備投資案の優劣を判断する問題です。

問1　正味現在価値法

1．A案

〈キャッシュ・フロー図〉　　　　　　　　　　　　　　（単位：万円）

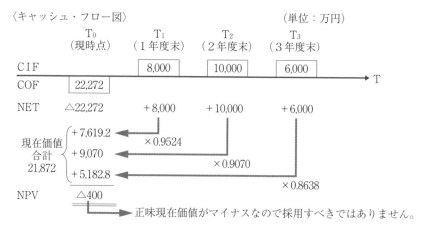

正味現在価値がマイナスなので採用すべきではありません。

2．B案

〈キャッシュ・フロー図〉　　　　　　　　　　　　　　（単位：万円）

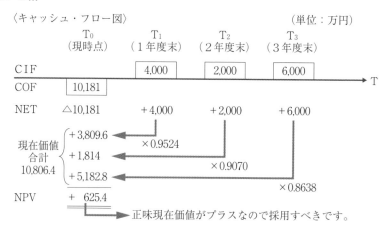

正味現在価値がプラスなので採用すべきです。

3．C案

〈キャッシュ・フロー図〉 （単位：万円）

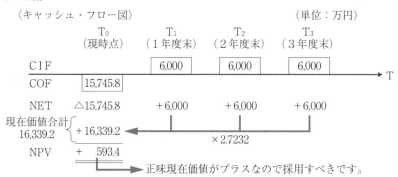

現在価値合計 16,339.2 ＝ 正味現在価値がプラスなので採用すべきです。

NPV ＋ 593.4 → 正味現在価値がプラスなので採用すべきです。

問2 収益性指数法

1．A案

正味現在価値法の計算結果より $\dfrac{21,872 \text{万円}}{22,272 \text{万円}} = 0.982 \cdots \rightarrow 0.98$

（小数点以下第3位四捨五入）

収益性指数 0.98 ＜ 1

∴採用すべきではありません。

2．B案

正味現在価値法の計算結果より $\dfrac{10,806.4 \text{万円}}{10,181 \text{万円}} = 1.061 \cdots \rightarrow 1.06$

（小数点以下第3位四捨五入）

収益性指数 1.06 ＞ 1

∴採用すべきです。

3．C案

正味現在価値法の計算結果より $\dfrac{16,339.2 \text{万円}}{15,745.8 \text{万円}} = 1.037 \cdots \rightarrow 1.04$

（小数点以下第3位四捨五入）

収益性指数 1.04 ＞ 1

∴採用すべきです。

問3 内部利益率法

1．A案

(1) 3％による割引計算

8,000万円 × 0.9709 ＝	7,767.2万円
10,000万円 × 0.9426 ＝	9,426　万円
6,000万円 × 0.9151 ＝	5,490.6万円
	22,683.8万円
	△ 22,272　万円
NPV	＋ 411.8万円

正味現在価値がプラスなので、内部利益率＞3％

(2) 4％になる割引計算

8,000万円 × 0.9615 =	7,692万円
10,000万円 × 0.9246 =	9,246万円
6,000万円 × 0.8890 =	5,334万円
	22,272万円
	△22,272万円
NPV	0万円

正味現在価値がゼロなので、
内部利益率 = 4％

以上より、内部利益率4％＜資本コスト率5％
∴採用すべきではありません。

2．B案
(1) 9％による割引計算

4,000万円 × 0.9174 =	3,669.6万円
2,000万円 × 0.8417 =	1,683.4万円
6,000万円 × 0.7722 =	4,633.2万円
	9,986.2万円
	△10,181 万円
NPV △	194.8万円

正味現在価値がマイナスなので、
内部利益率＜9％

(2) 8％による割引計算

4,000万円 × 0.9259 =	3,703.6万円
2,000万円 × 0.8573 =	1,714.6万円
6,000万円 × 0.7938 =	4,762.8万円
	10,181 万円
	△10,181 万円
NPV	0 万円

正味現在価値がゼロなので、
内部利益率 = 8％

以上より、内部利益率8％＞資本コスト率5％
∴採用すべきです。

3．C案

> 年々のキャッシュ・フローが同額なので年金現価係数を使用すること。

(1) 7％による割引計算

6,000万円 × 2.6243 =	15,745.8万円
	△15,745.8万円
NPV	0万円

正味現在価値がゼロなので、
内部利益率 = 7％

以上より、内部利益率7％＞資本コスト率5％
∴採用すべきです。

（注）{ } 内の不要な文字を二重線で消しなさい。

問 1 正味現在価値 ┌ （＋）258,960 ┐ 円 投資すべきで { ある / ~~ない~~ }。

問 2 内部利益率 ┌ 8.93 ┐ ％ 投資すべきで { ある / ~~ない~~ }。

解説 ••

　本問は、貨幣の時間価値を考慮する意思決定モデル方法により、設備投資案の優劣を判断する問題です。

問1　正味現在価値法

〈キャッシュ・フロー図〉　　　　　　　　　　　　　　　　　　　（単位：円）

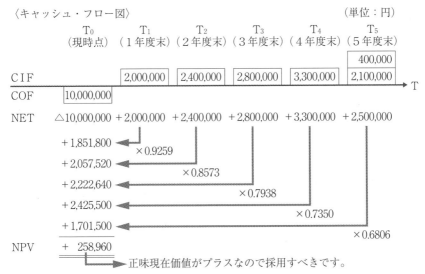

	T_0	T_1	T_2	T_3	T_4	T_5
	（現時点）	（1年度末）	（2年度末）	（3年度末）	（4年度末）	（5年度末）

正味現在価値がプラスなので採用すべきです。

問2　内部利益率法
(1)　8％による割引計算
$$2,000,000 円 \times 0.9259 = \quad 1,851,800 円$$
$$2,400,000 円 \times 0.8573 = \quad 2,057,520 円$$
$$2,800,000 円 \times 0.7938 = \quad 2,222,640 円$$
$$3,300,000 円 \times 0.7350 = \quad 2,425,500 円$$
$$2,500,000 円 \times 0.6806 = \quad 1,701,500 円$$
$$ \quad 10,258,960 円$$
$$ \triangle 10,000,000 円 \quad \text{正味現在価値がプラスなので、}$$
$$\text{NPV} \quad + \quad 258,960 円 \quad \text{内部利益率 > 8％}$$

(2)　9％による割引計算
$$2,000,000 円 \times 0.9174 = \quad 1,834,800 円$$
$$2,400,000 円 \times 0.8417 = \quad 2,020,080 円$$
$$2,800,000 円 \times 0.7722 = \quad 2,162,160 円$$
$$3,300,000 円 \times 0.7084 = \quad 2,337,720 円$$
$$2,500,000 円 \times 0.6499 = \quad 1,624,750 円$$
$$ \quad 9,979,510 円$$
$$ \triangle 10,000,000 円 \quad \text{正味現在価値がマイナスなので、}$$
$$\text{NPV} \quad \triangle \quad 20,490 円 \quad \text{内部利益率 < 9％}$$

　以上より、8％の場合の正味現在価値がプラスで、9％の場合の正味現在価値がマイナスとなるので内部利益率は8％と9％の間にあることがわかります。

(3)　補間法の適用

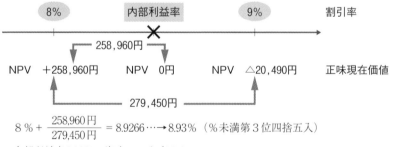

$$8％ + \frac{258,960 円}{279,450 円} = 8.9266 \cdots \rightarrow 8.93％　（％未満第3位四捨五入）$$

内部利益率8.93％ > 資本コスト率8％
∴当該設備投資案は採用すべきです。

(1) 年利率10%、期間が5年間の年金現価係数は（ **3.7907** ）である。
(2) 所要年間人件費の節約額は（ **818** ）万円以上である。

解説 ●●●

　本問は正味現在価値により設備投資案の優劣を判断する応用問題です。

(1) **年金現価係数の算出**

　0.9091 + 0.8264 + 0.7513 + 0.6830 + 0.6209 = 3.7907

(2) **年間の人件費節約額の算出**

　年間の人件費節約額を x 万円とおき、年々のキャッシュ・フローの状況をまとめ正味現在価値を求めると、次のようになります。

〈キャッシュ・フロー図〉　　　　　　　　　　　　　　　　　　（単位：万円）

	T_0 （現時点）	T_1 （1年度末）	T_2 （2年度末）	T_3 （3年度末）	T_4 （4年度末）	T_5 （5年度末）
						300
CIF		x	x	x	x	x
COF	3,000	75	75	75	75	75
NET	△3,000	x－75	x－75	x－75	x－75	x－75＋300

　正味現在価値：（x万円 － 75万円）× 3.7907 ＋ 300万円 × 0.6209 － 3,000万円
　　　　　　　＝ 3.7907 x万円 － 3,098.0325万円

　以上より、NPV＞0となる x を求めます。

　3.7907 x万円 － 3,098.0325万円 ＞ 0
　　　　　　　　　3.7907 x万円 ＞ 3,098.0325万円
　　　　　　　　　　　　　　x ＞ 817.271…
　　　　　　　　　∴ x ＝ 818（万円）（万円未満切上げ）

　年間人件費の節約額が818万円以上であれば自動機械を導入するほうが有利となることがわかります。

問1

	回 収 期 間
A	2.7 年
B	2.55年
C	2.6 年

問2

	投下資本利益率
A	3.70%
B	5.88%
C	5.13%

解説

本問は、貨幣の時間価値を考慮しない設備投資案の評価モデルの計算を確認する問題です。

問1　単純回収期間法

$$A案：\frac{21,600万円}{(8,000万円+10,000万円+6,000万円)÷3年}=2.7 \ 年$$

$$B案：\frac{10,200万円}{(4,000万円+2,000万円+6,000万円)÷3年}=2.55年$$

$$C案：\frac{15,600万円}{(6,000万円+6,000万円+6,000万円)÷3年}=2.6 \ 年$$

問2　単純投下資本利益率法

$$A案：\frac{(8,000万円+10,000万円+6,000万円-21,600万円)÷3年}{21,600万円}×100=3.7037\cdots\%$$

$$↓$$
$$3.70\%$$
（％未満第3位四捨五入）

$$B案：\frac{(4,000万円+2,000万円+6,000万円-10,200万円)÷3年}{10,200万円}×100=5.8823\cdots\%$$

$$↓$$
$$5.88\%$$
（％未満第3位四捨五入）

$$C案：\frac{(6,000万円+6,000万円+6,000万円-15,600万円)÷3年}{15,600万円}×100=5.1282\cdots\%$$

$$↓$$
$$5.13\%$$
（％未満第3位四捨五入）

(1) 投資案Bの正味現在価値　　（＋）1,563　万円

(2) 投資案Bの内部利益率　　14.21　％

したがって、この案は { 採用すべきである。 / ~~採用すべきでない。~~ } （不要な文字を消しなさい）

解説

本問は、新規大規模投資の意思決定問題です。

1．年々の税引後増分現金流入額の計算

〈キャッシュ・フロー図〉 (単位：万円)

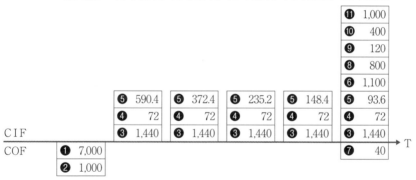

	T$_0$ (現時点)	T$_1$ (1年度末)	T$_2$ (2年度末)	T$_3$ (3年度末)	T$_4$ (4年度末)	T$_5$ (5年度末)
						⑪ 1,000
						⑩ 400
						⑨ 120
						⑧ 800
						⑥ 1,100
			⑤ 590.4	⑤ 372.4	⑤ 235.2	⑤ 148.4	⑤ 93.6
		④ 72	④ 72	④ 72	④ 72	④ 72
CIF		③ 1,440	③ 1,440	③ 1,440	③ 1,440	③ 1,440
COF	❶ 7,000 ❷ 1,000					⑦ 40
NET	△8,000	＋2,102.4	＋1,884.4	＋1,747.2	＋1,660.4	＋4,985.6

❶ 固定資産に対する投資額：1,000万円＋2,000万円＋4,000万円＝7,000万円（COF）

❷ 正味運転資本：1,200万円＋600万円－800万円＝1,000万円（COF）

❸ 正味現金流入額：（14,400万円－12,000万円）×（1－40％）＝1,440万円（CIF）

❹ 建物減価償却費による法人税節約額：
（2,000万円－200万円）÷10年×40％＝72万円（CIF）

❺ 設備減価償却費による法人税節約額

	減価償却費		法人税節約額
1年後：	4,000万円 ×（1－0.631）＝1,476万円		1,476万円×40％＝590.4万円（CIF）
2年後：	（4,000万円－1,476万円）×（1－0.631）≒ 931万円		931万円×40％＝372.4万円（CIF）
3年後：	（4,000万円－2,407万円）×（1－0.631）≒ 588万円		588万円×40％＝235.2万円（CIF）
4年後：	（4,000万円－2,995万円）×（1－0.631）≒ 371万円		371万円×40％＝148.4万円（CIF）
5年後：	4,000万円－400万円－3,366万円＊ ＝ 234万円		234万円×40％＝ 93.6万円（CIF）

＊ 減価償却累計額：1,476万円＋931万円＋588万円＋371万円＝3,366万円

❻ 土地の売却収入：1,000万円 × 1.1 ＝ 1,100万円（CIF）

❼ 土地の売却益の計上による法人税増加分

| （現　　　　　　金）1,100万円 | （土　　　　　地）1,000万円 |
| | （土 地 売 却 益）　100万円 |

100万円 × 40％ ＝ 40万円（COF）

❽ 建物の売却収入（CIF）

❾ 建物の売却損の計上による法人税節約額

（減価償却累計額）　900万円	（建　　　　　物）2,000万円
（現　　　　　　金）　800万円	
（建 物 売 却 損）　300万円	

300万円 × 40％ ＝ 120万円（CIF）

❿ 設備を他に転用することにより生じる原価節約額

・旧設備の処分の仕訳

| （減価償却累計額）3,600万円 | （設　　　　　備）4,000万円 |
| （現　　　　　　金）　400万円 | |

・転用による再投資の仕訳

| （設　　　　　備）　400万円 | （現　　　　　金）　400万円 |

 設備の転用については旧設備の処分に関するキャッシュ・フロー（CIF）のみ
考慮すればよい。

⓫ 正味運転資本の現金による回収（CIF）

２．正味現在価値の計算

2,102.4万円 × 0.9259 ＋ 1,884.4万円 × 0.8573 ＋ 1,747.2万円 × 0.7938 ＋ 1,660.4万円 × 0.7350
＋ 4,985.6万円 × 0.6806 － 8,000万円 ＝ ＋ 1,562.629万円

↓

＋ 1,563万円

（万円未満四捨五入）

正味現在価値がプラスであることから、この投資は採用すべきであることがわかります。

3．内部利益率の計算

(1) 14％による割引計算

2,102.4万円 × 0.8772 =	1,844.22528万円	
1,884.4万円 × 0.7695 =	1,450.0458　万円	
1,747.2万円 × 0.6750 =	1,179.36　　万円	
1,660.4万円 × 0.5921 =	983.12284万円	
4,985.6万円 × 0.5194 =	2,589.52064万円	
	8,046.27456万円	
△8,000　　　万円		正味現在価値がプラスなので、
NPV	＋46.27456万円	内部利益率＞14％

(2) 15％による割引計算

2,102.4万円 × 0.8696 =	1,828.24704万円	
1,884.4万円 × 0.7561 =	1,424.79484万円	
1,747.2万円 × 0.6575 =	1,148.784　万円	
1,660.4万円 × 0.5718 =	949.41672万円	
4,985.6万円 × 0.4972 =	2,478.84032万円	
	7,830.08292万円	
△8,000　　　万円		正味現在価値がマイナスなので、
NPV	△169.91708万円	内部利益率＜15％

　以上より、14％の場合の正味現在価値がプラス、15％の場合の正味現在価値がマイナスとなるので内部利益率は14％と15％の間にあることがわかります。

(3) 補間法の適用

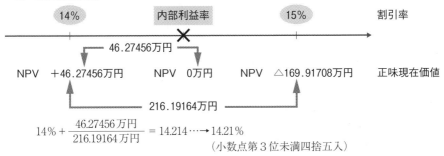

$$14\% + \frac{46.27456万円}{216.19164万円} = 14.214\cdots \rightarrow 14.21\%$$

（小数点第3位未満四捨五入）

　内部利益率14.21％＞資本コスト率8％より、この投資案は採用すべきであることがわかります。

問1　当社の投資資金の税引後加重平均資本コスト率　（　8.0　）％

問2　各年度末の建物と設備の減価償却費の合計額（単位：万円）

20×1年度	20×2年度	20×3年度	20×4年度
（　4,527　）	（　2,800　）	（　1,830　）	（　1,283　）

問3　20×2年度末に発生すると予想されるキャッシュ・フローの合計額

（　6,001　）万円

問4　投資終了時の正味回収額　（　10,642　）万円

問5　この投資の正味現在価値　（　△ 664　）万円

したがって、この投資は｛~~有利な投資~~／不利な投資｝である。（不要な文字を消しなさい）

問6　この投資の内部利益率（％未満第2位を四捨五入して第1位まで表示）

（　6.9　）％

解説

本問は新規大規模投資の意思決定問題です。

問1　税引後加重平均資本コスト率の計算

資金源泉	構成割合		税引後資本コスト率		加重平均
長期借入金	50%	×	5.4%＊	=	2.7%
留保利益	10%	×	9.0%	=	0.9%
普通株	40%	×	11.0%	=	4.4%
			税引後加重平均資本コスト率		8.0%

＊　長期借入金の税引後資本コスト率：9％×（1－40％）＝5.4％

問2　各年度末の建物と設備の減価償却費の合計額

1．建物（定額法）

（6,500万円－650万円）÷10年＝585万円

2．設備（定率法）

20×1年：　9,000万円　　　　　　　　　　　　×（1－0.562）　　　　＝3,942万円

20×2年：（9,000万円－3,942万円）　　　　　×（1－0.562）　　　　≒2,215万円

（万円未満四捨五入）

20×3年：｛9,000万円－（3,942万円＋2,215万円）｝×（1－0.562）　　≒1,245万円

（万円未満四捨五入）

20×4年：（9,000万円－900万円）－（3,942万円＋2,215万円＋1,245万円）＝　698万円

	建物		設備		合計
20×1年度	585万円	+	3,942万円	=	4,527万円
20×2年度	585万円	+	2,215万円	=	2,800万円
20×3年度	585万円	+	1,245万円	=	1,830万円
20×4年度	585万円	+	698万円	=	1,283万円
合計	2,340万円		8,100万円		

問3　20×2年度末に発生すると予想されるキャッシュ・フローの合計額

　1．各年度の税引後純現金流入額の計算

> 各年度の税引後純現金流入額＝（製品売上収入－現金支出費用）×
> （1－法人税率）＋減価償却費×法人税率

20×1年度：（@4.5万円×7,000個×35％－5,000万円）×（1－40％）＋4,527万円×40％≒5,426万円
（万円未満四捨五入）

20×2年度：（@4.5万円×7,800個×35％－5,000万円）×（1－40％）＋2,800万円×40％＝5,491万円

20×3年度：（@4.0万円×7,500個×35％－5,000万円）×（1－40％）＋1,830万円×40％＝4,032万円

20×4年度：（@3.5万円×6,000個×35％－5,000万円）×（1－40％）＋1,283万円×40％≒1,923万円
（万円未満四捨五入）

　2．運転資本

　　操業を可能にするために必要な資金（運転資本）への投資を計上します。運転資本の具体的な運用形態である正味運転資本（＝流動資産－流動負債）によって計上します。

> 正味運転資本
> ＝次年度予想売上高×｛売掛金（8％）＋棚卸資産（6％）－買掛金（4％）｝
> 正味運転資本10％

次年度の操業に必要な正味運転資本		正味運転資本（純投資額）の増減
現時点：@4.5万円×7,000個×10％＝3,150万円	→	初期投資額　　0万円－3,150万円＝（－）3,150万円
20×1年度：@4.5万円×7,800個×10％＝3,510万円	→	追加投資額　3,150万円－3,510万円＝（－）　360万円
20×2年度：@4.0万円×7,500個×10％＝3,000万円	→	余剰回収額　3,510万円－3,000万円＝（＋）　510万円
20×3年度：@3.5万円×6,000個×10％＝2,100万円	→	余剰回収額　3,000万円－2,100万円＝（＋）　900万円
20×4年度：　　　　　なし	→	最終回収額　2,100万円－　0万円＝（＋）2,100万円

　3．20×2年度末に発生すると予想されるキャッシュ・フローの合計額

20×2年度末：5,491万円〈税引後純現金流入額〉＋510万円〈正味運転資本の余剰回収額〉
　　　　　　＝6,001万円

問4　投資終了時の正味回収額

次のものを計上すればよいことになります。

> 1．土地、建物、設備の売却による現金回収額
> 2．土地、建物、設備の売却に伴う法人税節約額
> 3．正味運転資本の回収額

1．土地、建物、設備の売却による現金回収額

	売却価額
土　　地：	5,000万円

建　　物：$\underbrace{(6,500万円 - 2,340万円)}_{帳簿価額\ 4,160万円} \times 50\% = 2,080万円$

設　　備：$\underbrace{(9,000万円 - 8,100万円)}_{帳簿価額\ 900万円} \times 50\% = \ \ 450万円$

合　　計：　　　　　　　　　　　　　　　　　7,530万円

2．土地、建物、設備の売却に伴う法人税節約額

(1)　土地：帳簿価額での売却のため売却損益はありません。

(2)　建物

（減価償却累計額）2,340万円	（建　　　　　物）6,500万円
（現　　　　金）2,080万円	
（固定資産売却損）2,080万円	

2,080万円×40％＝832万円

(3)　設備

（減価償却累計額）8,100万円	（設　　　　　備）9,000万円
（現　　　　金）450万円	
（固定資産売却損）450万円	

450万円×40％＝180万円

(4)　合計：832万円＋180万円＝1,012万円

3．正味運転資本の回収額

2,100万円（問3　2.より）

4．投資終了時の土地、建物、設備および正味運転資本の正味回収額

7,530万円＋1,012万円＋2,100万円＝10,642万円

問5　正味現在価値法による投資案の評価

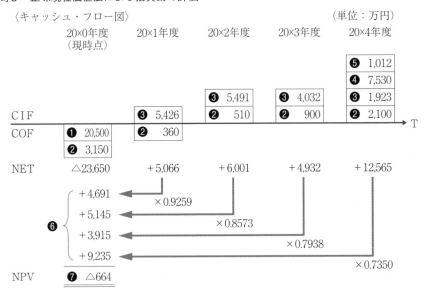

〈キャッシュ・フロー図〉　　　　　　　　　　　　　　　　　　　　　　（単位：万円）

❶　固定資産の購入原価
❷　正味運転資本の投資額または回収額
❸　年々の税引後純現金流入額（❷を除く）
❹　投資終了時の固定資産の売却収入
❺　固定資産の売却に伴う法人税節約額
❻　各年度の正味キャッシュ・フローの現在価値への割引計算
　　20×1年度：　5,066万円 × 0.9259 ≒ 4,691万円（万円未満四捨五入）
　　20×2年度：　6,001万円 × 0.8573 ≒ 5,145万円（万円未満四捨五入）
　　20×3年度：　4,932万円 × 0.7938 ≒ 3,915万円（万円未満四捨五入）
　　20×4年度：12,565万円 × 0.7350 ≒ 9,235万円（万円未満四捨五入）
❼　正味現在価値の計算
　　4,691万円 + 5,145万円 + 3,915万円 + 9,235万円 − 23,650万円 ＝ △664万円
　　以上より、正味現在価値が△664万円となるので不利な投資であることがわかります。

問6　内部利益率による投資案の評価

　　問5より8％の割引率における正味現在価値がマイナスであるので、内部利益率は8％
より低いことが明らかです。そこで正味現在価値がプラスになる割引率を7％から順に試
行錯誤で求めていきます。

1．7％のときの正味現在価値

現在時点： △23,650万円
20×1年度： 5,066万円 × 0.9346 ≒ 4,735万円（万円未満四捨五入）
20×2年度： 6,001万円 × 0.8734 ≒ 5,241万円（万円未満四捨五入）
20×3年度： 4,932万円 × 0.8163 ≒ 4,026万円（万円未満四捨五入）
20×4年度：12,565万円 × 0.7629 ≒ 9,586万円（万円未満四捨五入）
正味現在価値 <u>△ 62万円</u>

2．6％のときの正味現在価値

現在時点： △23,650万円
20×1年度： 5,066万円 × 0.9434 ≒ 4,779万円（万円未満四捨五入）
20×2年度： 6,001万円 × 0.8900 ≒ 5,341万円（万円未満四捨五入）
20×3年度： 4,932万円 × 0.8396 ≒ 4,141万円（万円未満四捨五入）
20×4年度：12,565万円 × 0.7921 ≒ 9,953万円（万円未満四捨五入）
正味現在価値 <u>＋ 564万円</u>

　以上より、7％の場合の正味現在価値がマイナス、6％の場合の正味現在価値がプラスとなるので内部利益率は6％と7％の間にあることがわかります。

3．補間法の適用

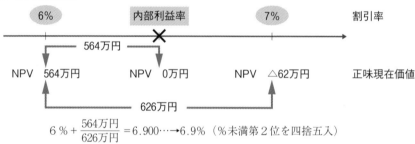

$$6\% + \frac{564万円}{626万円} = 6.900\cdots → 6.9\%（\%未満第2位を四捨五入）$$

問1

　　利率12%、4年間にわたる年金の年金現価係数　　| 3.0374 |

問2

　　法人税の影響を考慮せず、旧機械を売却処分し、新機械を購入する場合の正味現在価値　　| △10,781.36 | 万円

問3

　　法人税の影響を考慮しつつ、旧機械を売却処分し、新機械を購入する場合の正味現在価値　　| △5,236.1 | 万円

問4

　　法人税の影響を考慮しつつ、旧機械の売却を考えずに、旧機械をそのまま使用する場合の正味現在価値　　| △6,883.04 | 万円

問5

問3で計算した　　　　　問4で計算した
新機械の正味現在価値 － 旧機械の正味現在価値 ＝ | ＋1,646.94 | 万円

　　したがって、新機械に取り替えるほうが { 有利である。 / ~~不利である。~~ } （不要な文字を消しなさい）

問6

① | 総額 | 法

② | 3,040 | 万円

③ | 機会原価 |

本問は取替投資の意思決定問題です。

問1 年金現価係数

年金現価係数は現価係数を集計して求めます。

$0.8929 + 0.7972 + 0.7118 + 0.6355 = 3.0374$

問2 新機械を購入する案（法人税の影響を考慮しない）

〈キャッシュ・フロー図〉　　　　　　　　　　　　　　（単位：万円）

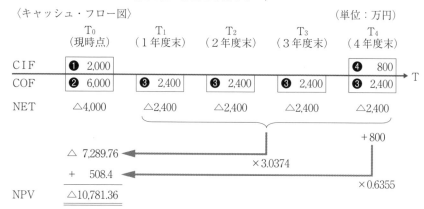

❶ 現時点での旧機械売却価額（CIF）
❷ 新機械の取得原価（COF）
❸ 新機械の年間稼働費現金支出額（COF）
❹ 終了時の新機械見積売却価額（CIF）

問3 新機械を購入する案（法人税の影響を考慮する）

〈キャッシュ・フロー図〉　　　　　　　　　　　　　　（単位：万円）

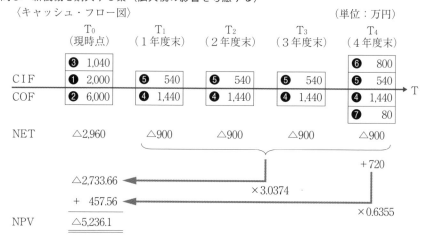

❶ 現時点での旧機械売却価額（CIF）
❷ 新機械の取得原価（COF）
❸ 旧機械売却損の計上による法人税節約額：
(4,600万円〈簿価〉*1 − 2,000万円〈売価〉) × 40% = 1,040万円（CIF）
　＊1　10,000万円 −（10,000万円 − 1,000万円）÷ 10年 × 6年 = 4,600万円
❹ 新機械の税引後年間稼働費現金支出額：2,400万円 ×（1 − 40%）= 1,440万円（COF）
❺ 減価償却費の計上による法人税節約額：
(6,000万円 − 600万円) ÷ 4年 × 40% = 540万円（CIF）
❻ 終了時の新機械見積売却価額（CIF）
❼ 新機械売却益の計上による法人税増加額：
(800万円〈売価〉− 600万円〈簿価〉*2) × 40% = 80万円（COF）
　＊2　新機械の4年後の残存価額

問4　旧機械をそのまま使用する案

〈キャッシュ・フロー図〉　　　　　　　　　　　　　　　　　　（単位：万円）

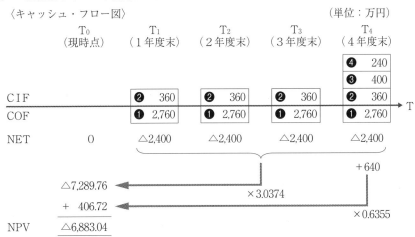

❶ 旧機械の税引後年間稼働費現金支出額：
4,600万円 ×（1 − 40%）= 2,760万円（COF）
❷ 減価償却費の計上による法人税節約額：
(10,000万円 − 1,000万円) ÷ 10年 × 40% = 360万円（CIF）
❸ 終了時の旧機械見積売却価額（CIF）
❹ 旧機械売却損の計上による法人税節約額：
(1,000万円〈簿価〉* − 400万円〈売価〉) × 40% = 240万円（CIF）
　＊　旧機械の10年後の残存価額

問5

正味現在価値の比較：△5,236.1万円 − △6,883.04万円 = + 1,646.94万円
　　　　　　　　　　　　　問3　　　　　　　問4
したがって、新機械に取り替えるほうが有利であることがわかります。

問6

② 現時点での旧売却価額：2,000万円

旧機械の売却損に伴う法人税節約額：2,600万円×40％＝1,040万円
　　　　　　　　　　　　　　　　　　　　売却損

旧機械売却に関するキャッシュ・フロー：2,000万円＋1,040万円＝3,040万円

解答 15

問1　各代替案の税引前キャッシュ・フロー

（単位：万円）

	第0年度末	第1年度末	第2年度末	第3年度末	第4年度末
甲案	（ 18,000 ）	（ 1,260 ）	（ 1,260 ）	（ 1,260 ）	1,980
乙案	0	（ 2,650 ）	（ 7,396 ）	（ 12,142 ）	（ 16,648 ）

（注）キャッシュ・フローがマイナス（現金支出）の場合は、数字をカッコでくくりなさい。

問2　各代替案の税引後キャッシュ・フロー

（単位：万円）

	第0年度末	第1年度末	第2年度末	第3年度末	第4年度末
甲案	（ 13,040 ）	1,260	1,260	1,260	4,100
乙案	0	（ 150 ）	（ 2,998 ）	（ 5,845 ）	（ 7,589 ）

（注）キャッシュ・フローがマイナス（現金支出）の場合は、数字をカッコでくくりなさい。

問3

（単位：万円）

	甲　案	乙　案	差額（甲案−乙案）
正味現在価値	（ 7,819 ）	（ 10,579 ）	2,761

（注）正味現在価値がマイナスの場合は、数字をカッコでくくりなさい。

したがって、新設備を導入するほうが（有利・~~不利~~）である。

（二重線を引いて不要の文字を消しなさい）

解説

本問は取替投資の意思決定問題の応用問題です。

問1

1．本問のアウトライン

（1）製品単位あたりの貢献利益

販売単価	10,000円／個	〈CIF〉
変動製造費用	3,000円／個	〈COF〉
貢献利益	7,000円／個	〈純CIF〉

(2) 新しい品質管理プログラムを採用しない場合（＝乙案）の計算条件の整理

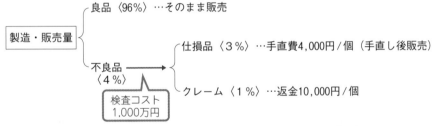

〈旧設備をそのまま使用した場合の今後の製造・販売量などの見積り〉

	第1年度	第2年度	第3年度	第4年度
製造・販売量	75,000個	68,000個	61,000個	54,000個
基準量〈75,000個〉	75,000個	75,000個	75,000個	75,000個
差引 🐾	0個	−7,000個	−14,000個	−21,000個
手直数量〈3％〉	2,250個	2,040個	1,830個	1,620個
クレーム〈1％〉	750個	680個	610個	540個

注意 製品の製造・販売に伴うキャッシュ・フローは資料6(1)より、75,000個に対する増減量で把握します。

(3) 新しい品質管理プログラムを採用する場合（＝甲案）の計算条件の整理

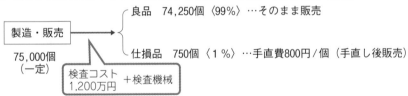

〈新設備に取り替えた場合の今後の製造・販売量などの見積り〉

	第1年度	第2年度	第3年度	第4年度
製造・販売量	75,000個	75,000個	75,000個	75,000個
基準量〈75,000個〉	75,000個	75,000個	75,000個	75,000個
差引	0個	0個	0個	0個
手直数量〈1％〉	750個	750個	750個	750個

2．具体的な計算

(1) 甲案（新しい品質管理プログラムを採用する案）の税引前キャッシュ・フロー

〈キャッシュ・フロー図〉 （単位：万円）

❶ 旧設備の現時点での売却収入（CIF）：資料2より8,000万円〈資料6(3)より甲案
に計上する〉

❷ 新 設 備 の 購 入 原 価（COF）：資料1より 20,000万円

❸ 検査機械の購入原価（COF）：資料1より 2,400万円

❹ 研 修 教 育 費（COF）：問題文dより 3,600万円

❺ 年 間 検 査 コ ス ト（COF）：問題文cより 1,200万円

❻ 年 間 手 直 費（COF）：800円/個×750個＝ 60万円

❼ 新 設 備 の 売 却 価 額（CIF）：資料3より 3,000万円

❽ 検査機械の売却価額（CIF）：資料4より 240万円

(2) 乙案（新しい品質管理プログラムを採用しない案）の税引前キャッシュ・フロー

〈キャッシュ・フロー図〉 （単位：万円）

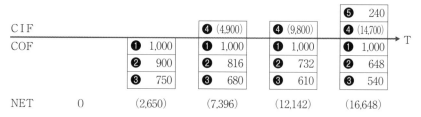

❶ 年間検査コスト（COF）：問題文cより 1,000万円

❷ 年間手直費（COF）：解説 問1 1(2)より

第1年度：4,000円/個×2,250個＝900万円

第2年度：4,000円/個×2,040個＝816万円

第3年度：4,000円/個×1,830個＝732万円

第4年度：4,000円/個×1,620個＝648万円

❸ 年間返金費用（COF）：解説 問1 1(2)より
　第1年度：10,000円/個×750個＝750万円
　第2年度：10,000円/個×680個＝680万円
　第3年度：10,000円/個×610個＝610万円
　第4年度：10,000円/個×540個＝540万円
❹ 製造・販売に伴う貢献利益（CIF）：解説 問1 1(1)(2)より
　第1年度：7,000円/個× 0個　　　　　＝　　　0万円
　第2年度：7,000円/個×（－ 7,000個）＝－ 4,900万円
　第3年度：7,000円/個×（－14,000個）＝－ 9,800万円
　第4年度：7,000円/個×（－21,000個）＝－14,700万円
❺ 旧設備の売却価額（CIF）：資料2より240万円

問2

問1のキャッシュ・フローに法人税の影響額を加味して計算します。

1．甲案の税引後キャッシュ・フロー

〈キャッシュ・フロー図〉　　　　　　　　　　　　　　　　　（単位：万円）

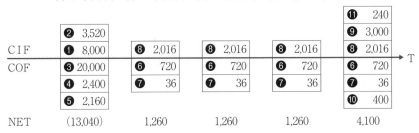

（第0年度末）（第1年度末）（第2年度末）（第3年度末）（第4年度末）

					⓫ 240
					❾ 3,000
CIF	❷ 3,520				
	❶ 8,000	❽ 2,016	❽ 2,016	❽ 2,016	❽ 2,016
COF	❸ 20,000	❻ 720	❻ 720	❻ 720	❻ 720
	❹ 2,400	❼ 36	❼ 36	❼ 36	❼ 36
	❺ 2,160				⓾ 400
NET	(13,040)	1,260	1,260	1,260	4,100

❶ 旧設備の現時点での売却収入（CIF）：8,000万円
❷ 旧設備の売却損に伴う法人税節約額（CIF）：
　（16,800万円〈簿価〉*1 － 8,000万円〈売価〉）×40％＝3,520万円
　　＊1　24,000万円－（24,000万円－2,400万円）÷6年×2年＝16,800万円
❸ 新設備の購入原価（COF）：20,000万円
❹ 検査機械の購入原価（COF）：2,400万円
❺ 税引後研修教育費（COF）：3,600万円×（1－40％）＝2,160万円
❻ 税引後年間検査コスト（COF）：1,200万円×（1－40％）＝ 720万円
❼ 税引後年間手直費（COF）：　60万円×（1－40％）＝　36万円
❽ 減価償却費に伴う法人税節約額（CIF）：
　（4,500万円*2 ＋ 540万円*3）×40％＝2,016万円
　　＊2　新設備：（20,000万円－2,000万円）÷4年＝4,500万円
　　＊3　検査機械：（2,400万円－240万円）　÷4年＝　540万円
❾ 新設備の売却収入（CIF）：　3,000万円

⑩　新設備の売却益に伴う法人税増加額（COF）：
　　(3,000万円〈売価〉− 2,000万円〈簿価〉) × 40% = 400万円
⑪　検査機械の売却収入（CIF）：　240万円

2．乙案の税引後キャッシュ・フロー

〈キャッシュ・フロー図〉　　　　　　　　　　　　　　　　　（単位：万円）

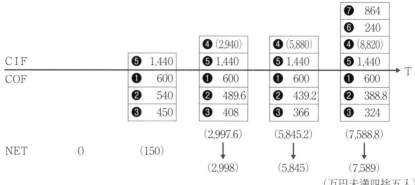

（第0年度末）（第1年度末）（第2年度末）（第3年度末）（第4年度末）

					❼ 864
					❻ 240
			❹ (2,940)	❹ (5,880)	❹ (8,820)
CIF		❺ 1,440	❺ 1,440	❺ 1,440	❺ 1,440
COF		❶ 600	❶ 600	❶ 600	❶ 600
		❷ 540	❷ 489.6	❷ 439.2	❷ 388.8
		❸ 450	❸ 408	❸ 366	❸ 324
			(2,997.6)	(5,845.2)	(7,588.8)
NET	0	(150)	↓	↓	↓
			(2,998)	(5,845)	(7,589)

（万円未満四捨五入）

❶　税引後年間検査コスト（COF）：1,000万円 × (1 − 40%) = 600万円
❷　税引後年間手直費（COF）：
　　第1年度：900万円 × (1 − 40%) = 540　万円
　　第2年度：816万円 × (1 − 40%) = 489.6万円
　　第3年度：732万円 × (1 − 40%) = 439.2万円
　　第4年度：648万円 × (1 − 40%) = 388.8万円
❸　税引後年間返金費用（COF）：
　　第1年度：750万円 × (1 − 40%) = 450万円
　　第2年度：680万円 × (1 − 40%) = 408万円
　　第3年度：610万円 × (1 − 40%) = 366万円
　　第4年度：540万円 × (1 − 40%) = 324万円
❹　製造・販売に伴う貢献利益（CIF）：
　　第1年度：0万円
　　第2年度：− 　4,900万円 × (1 − 40%) = − 2,940万円
　　第3年度：− 　9,800万円 × (1 − 40%) = − 5,880万円
　　第4年度：− 14,700万円 × (1 − 40%) = − 8,820万円
❺　減価償却費に伴う法人税節約額（CIF）：
　　3,600万円* × 40% = 1,440万円
　　＊　(24,000万円 − 2,400万円) ÷ 6 年 = 3,600万円
❻　旧設備の売却価額（CIF）：240万円

❼ 旧設備の売却損に伴う法人税節約額（CIF）：
(2,400万円〈簿価〉− 240万円〈売価〉)× 40% = 864万円

問3

1．甲案の正味現在価値

NPV = 1,260万円 × 2.2832* + 4,100万円 × 0.5718 − 13,040万円
= − 7,818.788万円→ − 7,819万円（万円未満四捨五入）

* 第1年度末から第3年度末の現価係数合計：
0.8696 + 0.7561 + 0.6575 = 2.2832

2．乙案の正味現在価値

NPV = − 150万円 × 0.8696 − 2,997.6万円 × 0.7561 − 5,845.2万円 × 0.6575
− 7,588.8万円 × 0.5718 = − 10,579.4202万円→ − 10,579万円

（万円未満四捨五入）

3．両案の差額

− 7,818.788万円〈甲案〉−(− 10,579.4202万円〈乙案〉) = 2,760.6322万円

↓

2,761万円

（万円未満四捨五入）

したがって、新設備を導入するほう（＝甲案）が有利であることがわかります。

解答 16

問1

リース料の適用利子率	10	％

問2

リースの場合の正味現在価値	△15,029	万円
借入・購入の場合の正味現在価値	△14,409	万円

よって { ~~リース~~ / 借入・購入 } のほうが有利である。（不要な文字を消去すること）

解説 ●・・・●

本問は、リースか購入かの意思決定問題です。

問1

年間7,650万円のリース料を5年間支払えば取得原価29,000万円の設備を利用できるので、リース料を年金と考えれば以下のようになります。

7,650万円×年金現価係数＝29,000万円

∴年金現価係数：29,000万円÷7,650万円≒3.7908

ここで資料より資本コスト率10％のときの年金現価係数を計算すると、3.7907*になるため適用利子率は約10％となります。

＊ 0.9091 + 0.8264 + 0.7513 + 0.6830 + 0.6209 = 3.7907

問2

1．リースの場合の正味現在価値

税引後現金流入額：△7,650万円×（1－40％）＝△4,590万円

正味現在価値：△4,590万円×（0.8621 + 0.7432 + 0.6407 + 0.5523 + 0.4761）

＝△15,029.496万円→△15,029万円

（万円未満四捨五入）

2．借入・購入の場合の正味現在価値

〈キャッシュ・フロー図〉 （単位：万円）

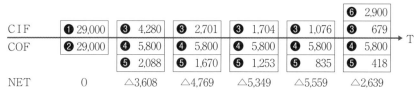

	T_0 （現時点）	T_1 （1年度末）	T_2 （2年度末）	T_3 （3年度末）	T_4 （4年度末）	T_5 （5年度末）
						❻ 2,900
CIF	❶ 29,000	❸ 4,280	❸ 2,701	❸ 1,704	❸ 1,076	❸ 679
COF	❷ 29,000	❹ 5,800	❹ 5,800	❹ 5,800	❹ 5,800	❹ 5,800
		❺ 2,088	❺ 1,670	❺ 1,253	❺ 835	❺ 418
NET	0	△3,608	△4,769	△5,349	△5,559	△2,639

❶ 銀行借入金（CIF）
❷ 初期投資額（COF）
❸ 減価償却費の計上による法人税節約額（CIF）＊1
❹ 銀行借入金の元金返済額（COF）
❺ 銀行借入金の税引後支払利息（COF）＊3
❻ 設備予想処分額（CIF）

＊1　減価償却費と法人税節約額の計算（単位：万円、万円未満四捨五入）
　　　減価償却費
　　　　　第1年：　　　29,000　　×（1 − 0.631）　　　= 10,701
　　　　　第2年：（29,000 − 10,701）×（1 − 0.631）　= 6,752.331 → 6,752
　　　　　第3年：（29,000 − 17,453）×（1 − 0.631）　= 4,260.843 → 4,261
　　　　　第4年：（29,000 − 21,714）×（1 − 0.631）　= 2,688.534 → 2,689
　　　　　第5年：　29,000 − 24,403＊2 − 2,900〈残存価額〉= 1,697
　　　法人税節約額
　　　　　第1年：10,701 × 40% = 4,280.4 → 4,280
　　　　　第2年：　6,752 × 40% = 2,700.8 → 2,701
　　　　　第3年：　4,261 × 40% = 1,704.4 → 1,704
　　　　　第4年：　2,689 × 40% = 1,075.6 → 1,076
　　　　　第5年：　1,697 × 40% = 　678.8 → 　679
＊2　減価償却累計額：10,701 + 6,752 + 4,261 + 2,689 = 24,403
＊3　借入金の税引後支払利息（単位：万円、万円未満四捨五入）
　　　　　第1年：　　　29,000　　×12%×（1 − 40%）= 2,088
　　　　　第2年：（29,000 −　5,800）×12%×（1 − 40%）= 1,670.4 → 1,670
　　　　　第3年：（29,000 − 11,600）×12%×（1 − 40%）= 1,252.8 → 1,253
　　　　　第4年：（29,000 − 17,400）×12%×（1 − 40%）= 　835.2 → 　835
　　　　　第5年：（29,000 − 23,200）×12%×（1 − 40%）= 　417.6 → 　418

　　正味現在価値：△3,608万円 × 0.8621 + △4,769万円 × 0.7432 + △5,349万円 × 0.6407
　　　　　　　　　　 + △5,559万円 × 0.5523 + △2,639万円 × 0.4761
　　　　　　　　　 = △14,408.5455万円 → △14,409万円（万円未満四捨五入）
　　以上より、リース案の正味現在価値（△15,029万円）＜借入・購入案の正味現在価値
（△14,409万円）となるので借入・購入案のほうが有利であることがわかります。

問1

　　当社の投資資金の税引後加重平均資本コスト率　　（　7.0　）％

問2

　　正味現在価値：A機械　（　　△9,649.035　）万円

　　　　　　　　　　B機械　（　　△10,104.04　）万円

　　したがって、｜A機械、~~B機械~~｜を導入すべきである。

　　（注）｜　　｜内の不要な文字を二重線で消去すること。

問3

　　B機械のほうが有利となる年間稼働現金支出費用は（　1,840　）万円以下である。

解説 ··●

　本問は耐用年数が異なる投資案の比較問題です。

問1

調達源泉	税引後資本コスト率
長期借入金	60％×5％×（1－40％）＝1.8％
普通株	40％×13％　　　　　＝5.2％
合計	7.0％

問2

　　両機械の耐用年数が異なり、しかも反復投資される見込みなので、両機械の耐用年数の最小公倍数である6年の投資期間で両案を比較します。すなわち、A機械は合計3回、B機械は合計2回投資を行うことになります。

1．A機械の正味現在価値

〈キャッシュ・フロー図〉　　　　　　　　　　　　　　　　　　　　　（単位：万円）

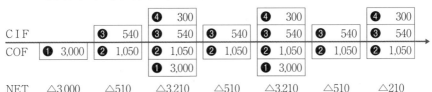

NET　　△3,000　　　△510　　　△3,210　　　△510　　　△3,210　　　△510　　　△210

❶　A機械初期投資額および再投資額（COF）

❷　年間税引後現金支出費用：1,750万円×（1 − 40％）＝1,050万円（COF）

❸　減価償却費による法人税節約額：（3,000万円 − 300万円）÷ 2年×40％＝540万円
（CIF）

❹　残存価額（CIF）

正味現在価値：△510万円×0.9346 + △3,210万円×0.8734 + △510万円×0.8163
+ △3,210万円×0.7629 + △510万円×0.7130 + △210万円×0.6663
− 3,000万円＝△9,649.035万円

2．B機械の正味現在価値

〈キャッシュ・フロー図〉　　　　　　　　　　　　　　　　　　　　　（単位：万円）

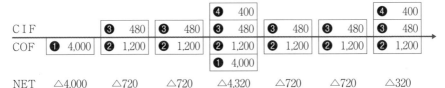

NET　　△4,000　　　△720　　　△720　　　△4,320　　　△720　　　△720　　　△320

❶　B機械初期投資額および再投資額（COF）

❷　年間税引後現金支出費用：2,000万円×（1 − 40％）＝1,200万円（COF）

❸　減価償却費による法人税節約額：（4,000万円 − 400万円）÷ 3年×40％＝480万円
（CIF）

❹　残存価額（CIF）

正味現在価値：△720万円×0.9346 + △720万円×0.8734 + △4,320万円×0.8163
+ △720万円×0.7629 + △720万円×0.7130 + △320万円×0.6663
− 4,000万円＝△10,104.04万円

∴△9,649.035万円 − △10,104.04万円＝455.005万円

以上より、A機械のほうが正味現在価値が、455.005万円大きいためA機械を導入すべ
きである。

問3

　B機械の年間稼働現金支出費用をx万円とおいて年々のキャッシュ・フローを把握し、その正味現在価値がA機械の正味現在価値より大きくなるようなxを求めます。

〈キャッシュ・フロー図〉　　　　　　　　　　　　　　　　　　　　　（単位：万円）

	T_0 （現時点）	T_1 （1年度末）	T_2 （2年度末）	T_3 （3年度末）	T_4 （4年度末）	T_5 （5年度末）	T_6 （6年度末）
CIF		❸ 480	❸ 480	❹ 400 ❸ 480	❸ 480	❸ 480	❹ 400 ❸ 480
COF	❶ 4,000	❷ 0.6x	❷ 0.6x	❷ 0.6x ❶ 4,000	❷ 0.6x	❷ 0.6x	❷ 0.6x
NET	△4,000	480−0.6x	480−0.6x	480−0.6x −3,600	480−0.6x	480−0.6x	480−0.6x +400

❶　初期投資額および再投資額（COF）
❷　年間税引後現金支出費用：x万円×（1−40%）=0.6x万円（COF）
❸　減価償却費による法人税節約額：（4,000万円−400万円）÷3年×40%=480万円
　　　　　　　　　　　　　　　　　　　　　　　　　　　　　　　　　　（CIF）
❹　残存価額（CIF）

正味現在価値：（480万円−0.6x万円）×4.7665＋△3,600万円×0.8163＋400万円×
　　　　0.6663−4,000万円=△2.8599x万円−4,384.24万円
　　　　△2.8599x万円−4,384.24万円＞△9,649.035万円
　　　　5,264.795万円＞2.8599x万円
　　　　1,840.9017…万円＞x
　　　　　　　　↓
　　　　1,840万円（万円未満切捨て）

　以上より、年間稼働現金支出費用が1,840万円以下であればB機械のほうが正味現在価値が大きく有利であることがわかります。

① 予防
② 評価
③ 2,920 万円
④ 内部失敗
⑤ 外部失敗
⑥ 6,920 万円

①と②、④と⑤はそれぞれ順不同。

解説 ....●

本問は品質原価の分類と増減を確認する問題です。

原価の分類と増減の計算（単位：万円）

	20×1年	20×5年		増減額
他社製品品質調査費	100	180	評 価 原 価	＋80
受 入 材 料 検 査 費	300	520	評 価 原 価	＋220
仕 損 費	1,600	500	内部失敗原価	△1,100
不 良 品 手 直 費	3,060	640	内部失敗原価	△2,420
販 売 製 品 補 修 費	3,200	600	外部失敗原価	△2,600
製 品 設 計 改 善 費	600	1,400	予 防 原 価	＋800
工 程 完 成 品 検 査 費	1,160	1,880	評 価 原 価	＋720
品 質 保 証 教 育 費	200	500	予 防 原 価	＋300
返 品 廃 棄 処 分 費	1,100	300	外部失敗原価	△800
製 品 出 荷 検 査 費	640	1,440	評 価 原 価	＋800
品質保証活動費合計	11,960	7,960		△4,000

以上より、予防原価と評価原価は、2,920万円増加し、内部失敗原価と外部失敗原価は6,920万円節約されたことになります。

問1　各製品の年間計画生産・販売量……………………製品A　　　2,400　　　台
　　　　　　　　　　　　　　　　　　　　　　　製品B　　　1,600　　　台
　　　　　　　　　　　　　　　　　　　　　　　製品C　　　　400　　　台
問2　(1)　製造間接費、販売費及び一般管理費予算総額………　14,688,000　　円
　　　(2)　各製品の単位あたり総原価……………………製品A　　　7,040　　　円
　　　　　　　　　　　　　　　　　　　　　　　製品B　　　5,800　　　円
　　　　　　　　　　　　　　　　　　　　　　　製品C　　　5,520　　　円
　　　(3)　製品別の年間営業利益総額……………………製品A　21,504,000　　円
　　　　　　　　　　　　　　　　　　　　　　　製品B　　3,520,000　　円
　　　　　　　　　　　　　　　　　　　　　　　製品C　　1,712,000　　円

　　　（注）損失が生じる場合は金額の前に△を付すこと。

問3　(1)　各製品の単位あたり総原価……………………製品A　　　6,210　　　円
　　　　　　　　　　　　　　　　　　　　　　　製品B　　5,542.5　　円
　　　　　　　　　　　　　　　　　　　　　　　製品C　　11,530　　　円
　　　(2)　製品別の年間営業利益総額……………………製品A　23,496,000　　円
　　　　　　　　　　　　　　　　　　　　　　　製品B　　3,932,000　　円
　　　　　　　　　　　　　　　　　　　　　　　製品C　△692,000　　円

　　　（注）損失が生じる場合は金額の前に△を付すこと。

問4　①　　　1,992,000　　　円
　　　②　（　過大　・　~~過小~~　）
　　　③　　　412,000　　　円
　　　④　（　過大　・　~~過小~~　）
　　　⑤　　　2,404,000　　　円
　　　⑥　（　~~過大~~　・　過小　）

解説 ●

　本問は伝統的原価計算による製品別製造原価の計算と活動基準原価計算による製品別製造原価の計算の比較問題です。

　活動基準原価計算では製品に割り当てるべきコストに対応する適切なコスト・ドライバーを選択しミスなく完全正解をめざしてほしい問題です。また伝統的原価計算との関係で、内部相互補助についても理解しておいてください。

問1　各製品の年間計画生産・販売量

まず、製品Aを6台、製品Bを4台、製品Cを1台を1セットと考えて、売上高総額55,120,000円を達成するには何セット生産・販売すればよいかを考えます。

$$\frac{55,120,000円}{16,000円 \times 6台 + 8,000円 \times 4台 + 9,800円 \times 1台} = 400セット$$

製品A：400セット × 6台 = 2,400台
製品B：400セット × 4台 = 1,600台
製品C：400セット × 1台 = 　400台

問2

(1)　製造間接費、販売費及び一般管理費予算総額

まず製品Bの売上高営業利益率27.5%より、製品Bの単位あたり総原価を求めます。そこから製品Bの単位あたり製造直接費を控除し、製品B単位あたり製造間接費、販売費及び一般管理費を求め、製品B単位あたり直接作業時間0.5時間で割ることにより予定配賦率を求めます。

製品Bの単位あたり総原価：@8,000円 × (1 − 0.275〈売上高営業利益率〉) = @5,800円
　　　　　　　　　　　　　　　製品Bの販売単価　　　　原価率

製品Bの単位あたり製造間接費、販売費及び一般管理費：

　　　　　@5,800円 − (@2,200円 + @1,800円 × 0.5時間) = @2,700円
　　　　　　　　　　　　　製品B単位あたり製造直接費

予定配賦率：$\dfrac{@2,700円}{0.5時間}$ = @5,400円

あとは、製品A、B、Cの直接作業時間を掛けることにより、製造間接費、販売費及び一般管理費の予算総額を求めます。

@5,400円 × (2,400台 × 0.7時間／台 + 1,600台 × 0.5時間／台 + 400台 × 0.6時間／台)
= 14,688,000円

(2)　伝統的全部原価計算による製品単位あたり総原価の算定

製品A：@2,000円 + (@1,800円 + @5,400円) × 0.7時間 = @7,040円
製品B：@2,200円 + (@1,800円 + @5,400円) × 0.5時間 = @5,800円
　　　　または、
　　　　@8,000円 × (1 − 0.275) = @5,800円
製品C：@1,200円 + (@1,800円 + @5,400円) × 0.6時間 = @5,520円

(3)　製品別の年間営業利益総額

製品A：(@16,000円 − @7,040円) × 2,400台 = 21,504,000円
製品B：(@ 8,000円 − @5,800円) × 1,600台 = 　3,520,000円
製品C：(@ 9,800円 − @5,520円) × 　400台 = 　1,712,000円

問3

(1) 活動基準原価計算による製品の単位あたり総原価の算定

① 配賦基準と配賦率の計算

・機械作業コスト・プール（機械運転時間）

3,600,000円÷（2,400台×1.5時間／台＋1,600台×1.0時間／台＋400台×2.0時間／台）
＝＠600円

・段取作業コスト・プール（段取時間）

700,000円÷（24時間＋16時間＋40時間）＝＠8,750円

・生産技術コスト・プール（製品仕様書作成時間）

2,400,000円÷（250時間＋200時間＋350時間）＝＠3,000円

・材料倉庫コスト・プール（直接材料出庫金額）

1,320,000円÷（＠2,000円×2,400台＋＠2,200円×1,600台＋＠1,200円×400台）
＝＠0.15円

・品質保証コスト・プール

C専用検査機械減価償却費（全額製品Cへ）：総額より逆算して求める
＝508,000円

その他の品質保証費（抜取検査回数）：880,000円÷（24回＋16回＋4回）
＝＠20,000円

・包装出荷コスト・プール（出荷日数）

1,200,000円÷（12回＋8回＋40回）＝＠20,000円

・管理活動コスト・プール（直接作業時間）

4,080,000円÷（2,400台×0.7時間／台＋1,600台×0.5時間／台＋400台×0.6時間／台）
＝＠1,500円

② 各製品への配賦額および単位あたり総原価

コスト・プール	製品 A	製品 B	製品 C
機 械 作 業	@600円×2,400台×1.5時間/台 = 2,160,000円	@600円×1,600台×1.0時間/台 = 960,000円	@600円×400台×2.0時間/台 = 480,000円
段 取 作 業	@8,750円×24時間 = 210,000円	@8,750円×16時間 = 140,000円	@8,750円×40時間 = 350,000円
生 産 技 術	@3,000円×250時間 = 750,000円	@3,000円×200時間 = 600,000円	@3,000×350時間 = 1,050,000円
材 料 倉 庫	@0.15円×@2,000円×2,400台 = 720,000円	@0.15円×@2,200円×1,600台 = 528,000円	@0.15円×@1,200円×400台 = 72,000円
C専用検査機械 減 価 償 却 費			508,000円
その他の品質保証費	@20,000円×24回 = 480,000円	@20,000円×16回 = 320,000円	@20,000円×4回 = 80,000円
包 装 出 荷	@20,000円×12回 = 240,000円	@20,000円×8回 = 160,000円	@20,000円×40回 = 800,000円
管 理 活 動	@1,500円×2,400台×0.7時/台 = 2,520,000円	@1,500円×1,600台×0.5時/台 = 1,200,000円	@1,500円×400台×0.6時/台 = 360,000円
合　　計	7,080,000円	3,908,000円	3,700,000円

③ 各製品の単位あたり総原価

製品A：@2,000円+@1,800円×0.7時+7,080,000円÷2,400台＝@　6,210　円
製品B：@2,200円+@1,800円×0.5時+3,908,000円÷1,600台＝@　5,542.5円
製品C：@1,200円+@1,800円×0.6時+3,700,000円÷　400台＝@11,530　円

(2) 製品別の年間営業利益総額

製品A：(@16,000円−@　6,210　円)×2,400台＝23,496,000円
製品B：(@　8,000円−@　5,542.5円)×1,600台＝　3,932,000円
製品C：(@　9,800円−@11,530　円)×　400台＝△ 692,000円

問4　各製品の原価の歪み

(伝統的全部原価計算−活動基準原価計算)×販売量

製品A：(@7,040円−@　6,210　円)×2,400台＝＋1,992,000円（過大）
製品B：(@5,800円−@　5,542.5円)×1,600台＝＋　412,000円（過大）
製品C：(@5,520円−@11,530　円)×　400台＝△2,404,000円（過小）
合計　　　　　　　　　　　　　　　　　　　　　0円

問1

顧客別の営業費　　　X社　274,000　円

　　　　　　　　　　Y社　548,000　円

問2

　Y社に対する営業利益　　137,000　円

解説 ....●

本問は活動基準原価計算の営業費分析の問題です。

活動基準原価計算は、必ずしも製造間接費の配賦に限定されるものではなく、営業費を顧客別に割り当てて分析するために利用することもあります。

問1　顧客別に割り当てる営業費

コスト・プールに割り当てられた営業費を、関連するコスト・ドライバーをもとに顧客別に割り当てます。

	X　社	Y　社
受注処理費 (処理時間)	$\dfrac{42,000円}{300時間+400時間} \times 300時間 = 18,000円$	$\dfrac{42,000円}{300時間+400時間} \times 400時間 = 24,000円$
定期運送費 (回数)	$\dfrac{84,000円}{20回+15回} \times 20回 = 48,000円$	$\dfrac{84,000円}{20回+15回} \times 15回 = 36,000円$
緊急運送費 (回数)	$\dfrac{32,000円}{0回+2回} \times 0回 = 0円$	$\dfrac{32,000円}{0回+2回} \times 2回 = 32,000円$
販売促進費 (商談時間)	$\dfrac{280,000円}{40時間+60時間} \times 40時間 = 112,000円$	$\dfrac{280,000円}{40時間+60時間} \times 60時間 = 168,000円$
販売管理費 (品目数)	$\dfrac{144,000円}{10品目+50品目} \times 10品目 = 24,000円$	$\dfrac{144,000円}{10品目+50品目} \times 50品目 = 120,000円$
情報処理費 (伝票枚数)	$\dfrac{44,000円}{40枚+70枚} \times 40枚 = 16,000円$	$\dfrac{44,000円}{40枚+70枚} \times 70枚 = 28,000円$
管理業務費 (販売員数)	$\dfrac{196,000円}{2人+5人} \times 2人 = 56,000円$	$\dfrac{196,000円}{2人+5人} \times 5人 = 140,000円$
合　計	274,000円	548,000円

問2　Y社に対する営業利益

1,370,000円〈売上高〉− 685,000円〈売上原価〉− 548,000円〈営業費〉= 137,000円

（参考）顧客別損益計算書　　　　（単位：円）

顧　　客	X　社	Y　社
売　上　高	1,370,000	1,370,000
売　上　原　価	767,200	685,000
売　上　総　利　益	602,800	685,000
営　業　費	274,000	548,000
営　業　利　益	328,800	137,000

解答 21

問1
　製造間接費予定配賦額　　[　32,980　]　円
問2
　販売費予定配賦額　　　　[　22,880　]　円

解説 ···●

本問は活動基準原価計算における予定配賦の問題です。

1．製造間接費予定配賦額
　　資料より、出荷物流費と顧客サポート費は販売費であることに注意します。
　(1)　予定配賦率
　　　生産技術費：90,000円〈年間予算〉÷ 360時間〈年間予定配賦基準総量〉
　　　　　　　　　　＝ 250円／時間
　　　機械作業費：180,000円÷ 900時間＝ 200円／時間
　　　検　査　費：125,760円÷ 600時間＝ 209.6円／時間
　(2)　予定配賦額
　　　生産技術費：250円／時間× 30時間〈実際配賦基準量〉＝ 7,500円
　　　機械作業費：200円／時間× 75時間＝ 15,000円
　　　検　査　費：209.6円／時間× 50時間＝ 10,480円
　　　合　　　　計：7,500円＋ 15,000円＋ 10,480円＝ 32,980円

2．販売費予定配賦額
　(1)　予定配賦率
　　　出　荷　物　流　費：270,000円÷ 48回＝ 5,625円／回
　　　顧客サポート費：4,560円÷ 24回＝ 190円／回
　(2)　予定配賦額
　　　出　荷　物　流　費：5,625円／回× 4回＝ 22,500円
　　　顧客サポート費：190円／回× 2回＝ 380円
　　　合　　　　　　計：22,500円＋ 380円＝ 22,880円

さくいん

スッキリわかるシリーズ

スッキリわかる　日商簿記1級　工業簿記・原価計算Ⅳ
意思決定・特殊論点編　第2版

2013年11月25日	初　版	第1刷発行
2021年11月30日	第2版	第1刷発行
2023年12月20日		第2刷発行

編　著　者	ＴＡＣ出版開発グループ
発　行　者	多　　田　　敏　　男
発　行　所	ＴＡＣ株式会社　出版事業部
	（ＴＡＣ出版）

〒101-8383
東京都千代田区神田三崎町3-2-18
電話　03 (5276) 9492（営業）
FAX　03 (5276) 9674
https://shuppan.tac-school.co.jp

イラスト	佐　藤　雅　則
印　　刷	株式会社ワ　コ　ー
製　　本	東京美術紙工協業組合

© TAC 2021　　Printed in Japan

ISBN 978-4-8132-9927-1
N.D.C. 336

簿記検定講座のご案内

選べる学習メディアでご自身に合う スタイルでご受講ください!

通学講座
3級コース　3・2級コース　2級コース　1級コース　1級上級・アドバンスコース

教室講座
通って学ぶ

定期的な日程で通学する学習スタイル。常に講師と接することができるという教室講座の最大のメリットがありますので、疑問点はその日のうちに解決できます。また、勉強仲間との情報交換も積極的に行えるのが特徴です。

ビデオブース講座
通って学ぶ
予約制

ご自身のスケジュールに合わせて、TACのビデオブースで学習するスタイル。日程を自由に設定できるため、忙しい社会人に人気の講座です。

直前期教室出席制度
直前期以降、教室受講に振り替えることができます。

無料体験入学　ご自身の目で、耳で体験し納得してご入学いただくために、無料体験入学をご用意しました。有料期間内は何度でもダウンロード可能です。

無料講座説明会　もっとTACのことを知りたいという方は、無料講座説明会にご参加ください。

無　料
予約不要※

※ビデオブース講座の無料体験入学は要予約。
無料講座説明会は一部校舎では要予約。

通信講座
3級コース　3・2級コース　2級コース　1級コース　1級上級・アドバンスコース

Web通信講座
スマホやタブレットにも対応
見て学ぶ

教室講座の生講義をブロードバンドを利用し動画で配信します。ご自身のペースに合わせて、24時間いつでも何度でも繰り返し受講することができます。また、講義動画はダウンロードして2週間視聴可能です。有効期間内は何度でもダウンロード可能です。
※Web通信講座の配信期間は、お申込コースの目標月の翌月末までです。

TAC WEB SCHOOL ホームページ
URL https://portal.tac-school.co.jp/
※お申込み前に、左記のサイトにて必ず動作環境をご確認ください。

DVD通信講座
見て学ぶ

講義を収録したデジタル映像をご自宅にお届けします。講義の臨場感をクリアな画像でご自宅にて再現することができます。
※DVD-Rメディア対応のDVDプレーヤーでのみ受講が可能です。
パソコンやゲーム機での動作保証はいたしておりません。

Webでも無料配信中!
スマホタブレット　パソコン
「TAC動画チャンネル」

資料通信講座（1級のみ）

テキスト・添削問題を中心として学習します。

● **講座説明会**　※収録内容の変更のため、配信されない期間が生じる場合がございます。
● **1回目の講義（前半分）が視聴できます**

詳しくは、TACホームページ「TAC動画チャンネル」をクリック!

TAC動画チャンネル　簿記　|　検索 |

コースの詳細は、簿記検定講座パンフレット・TACホームページをご覧ください。

パンフレットのご請求・お問い合わせは、TACカスタマーセンターまで

通話無料 ゴウカク イイナ
0120-509-117

受付時間　月～金 9:30～19:00
土・日・祝 9:30～18:00
※携帯電話からもご利用になれます。

TAC簿記検定講座ホームページ
TAC 簿記　|　検索 |

資格の学校 TAC

簿記検定講座

お手持ちの教材がそのまま使用可能!
【テキストなしコース】のご案内

TAC簿記検定講座のカリキュラムは市販の教材を使用しておりますので、こちらのテキストを使ってそのまま受講することができます。独学では分かりにくかった論点や本試験対策も、TAC講師の詳しい解説で理解度も120%UP! 本試験合格に必要なアウトプット力が身につきます。独学との差を体感してください。

左記の各メディアが【テキストなしコース】でお得に受講可能!

こんな人にオススメ!

- ●テキストにした書き込みをそのまま活かしたい!
- ●これ以上テキストを増やしたくない!
- ●とにかく受講料を安く抑えたい!

※お申込前に必ずお手持ちのバージョンをご確認ください。場合によっては最新のものに買い直していただくことがございます。詳細はお問い合わせください。

お手持ちの教材をフル活用!!

合格テキスト

合格トレーニング

会計業界への
就職・転職支援サービス

TACの100%出資子会社であるTACプロフェッションバンク（TPB）は、会計・税務分野に特化した転職エージェントです。勉強された知識とご希望に合ったお仕事を一緒に探しませんか？ 相談だけでも大歓迎です！ どうぞお気軽にご利用ください。

人材コンサルタントが無料でサポート

Step1 相談受付
完全予約制です。
HPからご登録いただくか、
各オフィスまでお電話ください。

Step2 面談
ご経験やご希望をお聞かせください。
あなたの将来について一緒に考えましょう。

Step3 情報提供
ご希望に適うお仕事があれば、その場でご紹介します。強制はいたしませんのでご安心ください。

正社員で働く

- 安定した収入を得たい
- キャリアプランについて相談したい
- 面接日程や入社時期などの調整をしてほしい
- 今就職すべきか、勉強を優先すべきか迷っている
- 職場の雰囲気など、
  求人票でわからない情報がほしい

TACキャリアエージェント

https://tacnavi.com/

派遣で働く（関東のみ）

- 勉強を優先して働きたい
- 将来のために実務経験を積んでおきたい
- まずは色々な職場や職種を経験したい
- 家庭との両立を第一に考えたい
- 就業環境を確認してから正社員で働きたい

TACの経理・会計派遣

https://tacnavi.com/haken/

ご経験やご希望内容によってはご支援が難しい場合がございます。予めご了承ください。　※面談時間は原則お一人様30分とさせていただきます。

自分のペースでじっくりチョイス

正社員・アルバイトで働く

- 自分の好きなタイミングで
  就職活動をしたい
- どんな求人案件があるのか見たい
- 企業からのスカウトを待ちたい
- WEB上で応募管理をしたい

Webで

TACキャリアナビ

https://tacnavi.com/kyujin/

就職・転職・派遣就労の強制は一切いたしません。会計業界への就職・転職を希望される方への無料支援サービスです。どうぞお気軽にお問い合わせください。

TACプロフェッションバンク

■ 有料職業紹介事業 許可番号13-ユ-010678
■ 一般労働者派遣事業 許可番号（派）13-010932

東京オフィス
〒101-0051
東京都千代田区神田神保町 1-103 東京パークタワー 2F
TEL.03-3518-6775

大阪オフィス
〒530-0013
大阪府大阪市北区茶屋町 6-20 吉田茶屋町ビル 5F
TEL.06-6371-5851

名古屋 登録会場
〒453-0014
愛知県名古屋市中村区則武 1-1-7 NEWNO 名古屋駅西 8F
TEL.0120-757-655

10860572

2022年4月現在

TAC出版 書籍のご案内

TAC出版では、資格の学校TAC各講座の定評ある執筆陣による資格試験の参考書をはじめ、資格取得者の開業法や仕事術、実務書、ビジネス書、一般書などを発行しています!

TAC出版の書籍

*一部書籍は、早稲田経営出版のブランドにて刊行しております。

資格・検定試験の受験対策書籍

- ❂日商簿記検定
- ❂建設業経理士
- ❂全経簿記上級
- ❂税 理 士
- ❂公認会計士
- ❂社会保険労務士
- ❂中小企業診断士
- ❂証券アナリスト

- ❂ファイナンシャルプランナー(FP)
- ❂証券外務員
- ❂貸金業務取扱主任者
- ❂不動産鑑定士
- ❂宅地建物取引士
- ❂賃貸不動産経営管理士
- ❂マンション管理士
- ❂管理業務主任者

- ❂司法書士
- ❂行政書士
- ❂司法試験
- ❂弁理士
- ❂公務員試験(大卒程度・高卒者)
- ❂情報処理試験
- ❂介護福祉士
- ❂ケアマネジャー
- ❂社会福祉士　ほか

実務書・ビジネス書

- ❂会計実務、税法、税務、経理
- ❂総務、労務、人事
- ❂ビジネススキル、マナー、就職、自己啓発
- ❂資格取得者の開業法、仕事術、営業術
- ❂翻訳ビジネス書

一般書・エンタメ書

- ❂ファッション
- ❂エッセイ、レシピ
- ❂スポーツ
- ❂旅行ガイド (おとな旅プレミアム/ハルカナ)
- ❂翻訳小説

日商簿記検定試験対策書籍のご案内

TAC出版の日商簿記検定試験対策書籍は、学習の各段階に対応していますので、あなたのステップに応じて、合格に向けてご活用ください!

3タイプのインプット教材

①

> 簿記を専門的な知識にしていきたい方向け

● **満点合格を目指し
次の級への土台を築く**

「**合格テキスト**」

「**合格トレーニング**」

● 大判のB5判、3級〜1級累計300万部超の、信頼の定番テキスト&トレーニング!
TACの教室でも使用している公式テキストです。3級のみオールカラー。
● 出題論点はすべて網羅しているので、簿記をきちんと学んでいきたい方にぴったりです!
◆3級 □2級 商簿、2級 工簿 ■1級 商・会 各3点、1級 工・原 各3点

②

> スタンダードにメリハリつけて学びたい方向け

● **教室講義のような
わかりやすさでしっかり学べる**

「**簿記の教科書**」

「**簿記の問題集**」

滝澤 ななみ 著

● A5判、4色オールカラーのテキスト(2級・3級のみ)&模擬試験つき問題集!
● 豊富な図解と実例つきのわかりやすい説明で、もうモヤモヤしない!!
◆3級 □2級 商簿、2級 工簿 ■1級 商・会 各3点、1級 工・原 各3点

DVDの併用で、さらに理解が深まります!

『**簿記の教科書DVD**』
● 「簿記の教科書」3、2級の準拠DVD。
わかりやすい解説で、合格力が短時間で身につきます!
◆3級 □2級 商簿、2級 工簿

③

> 気軽に始めて、早く全体像をつかみたい方向け

● **初学者でも楽しく続けられる!**

「**スッキリわかる**」

テキスト/問題集一体型

滝澤 ななみ 著(1級は商・会のみ)

● 小型のA5判によるテキスト/問題集一体型。これ一冊でOKの、圧倒的に人気の教材です。
● 豊富なイラストとわかりやすいレイアウト! かわいいキャラの「ゴエモン」と一緒に楽しく学べます。
◆3級 □2級 商簿、2級 工簿 ■1級 商・会 4点、1級 工・原 4点

売上NO.1

シリーズ待望の問題集が誕生!

「**スッキリとける本試験予想問題集**」

滝澤 ななみ 監修　TAC出版開発グループ 編著

● 本試験タイプの予想問題9回分を掲載
◆3級 □2級

DVDの併用で、さらに理解が深まります!

『**スッキリわかる 講義DVD**』
● 「スッキリわかる」3、2級の準拠DVD。
超短時間でも要点はのがさず解説。
3級10時間、2級14時間+10時間で合格へひとっとび。
◆3級 □2級 商簿、2級 工簿

TAC出版

コンセプト問題集

得点力をつける!
『みんなが欲しかった! やさしすぎる解き方の本』

B5判　滝澤 ななみ 著

● 授業で解き方を教わっているような 新感覚問題集。再受験にも有効。
◆3級　□2級

本試験対策問題集

本試験タイプの
問題集
『合格するための
本試験問題集』
(1級は過去問題集)

B5判

● 12回分 (1級は14回分) の問題を収載。
ていねいな「解答への道」、各問対策が
充実。
◆3級　□2級　■1級

知識のヌケを
なくす!
『まるっと
完全予想問題集』
(1級は網羅型完全予想問題集)

A4判

● オリジナル予想問題(3級10回分、2級12回分、1級8回分)で本試験の重要出題パターンを網羅。
● 実力養成にも直前の本試験対策にも有効。
◆3級　□2級　■1級

直前予想

『○年度試験をあてる
TAC予想模試
+解き方テキスト』
(1級は第○回をあてるTAC直前予想模試)

A4判

● TAC講師陣による4回分の予想問題で最終仕上げ。
● 2級・3級は、第1部解き方テキスト編、第2部予想模試編の2部構成。
● 年3回(1級は年2回)、各試験に向けて発行します。
◆3級　□2級　■1級

あなたに合った合格メソッドをもう一冊!

[仕訳] 『究極の仕訳集』
● 悩む仕訳をスッキリ整理。ハンディサイズ、
一問一答式で基本の仕訳を一気に覚える。
◆3級　□2級

[仕訳] 『究極の計算と仕訳集』
B6変型判　境 浩一朗 著
● 1級商会で覚えるべき計算と仕訳がすべて
つまった1冊!
■1級 商・会

[理論] 『究極の会計学理論集』
B6変型判
● 会計学の理論問題を論点別に整理、手軽
なサイズが便利です。
■1級 商・会、全経上級

[電卓] 『カンタン電卓操作術』
A5変型判　TAC電卓研究会 編
● 実践的な電卓の操作方法について、丁寧
に説明します!

：ネット試験の演習ができる模擬試験プログラムつき(2級・3級)

：スマホで使える仕訳Webアプリつき(2級・3級)

・2023年8月現在　・刊行内容、表紙等は変更することがあります　・とくに記述がある商品以外は、TAC簿記検定講座編です

書籍の正誤に関するご確認とお問合せについて

書籍の記載内容に誤りではないかと思われる箇所がございましたら、以下の手順にてご確認とお問合せをしてくださいますよう、お願い申し上げます。

なお、正誤のお問合せ以外の**書籍内容に関する解説および受験指導などは、一切行っておりません。**

そのようなお問合せにつきましては、お答えいたしかねますので、あらかじめご了承ください。

1 「Cyber Book Store」にて正誤表を確認する

TAC出版書籍販売サイト「Cyber Book Store」の
トップページ内「正誤表」コーナーにて、正誤表をご確認ください。

CYBER TAC出版書籍販売サイト
BOOK STORE

URL：https://bookstore.tac-school.co.jp/

2 ①の正誤表がない、あるいは正誤表に該当箇所の記載がない ⇒ 下記①、②のどちらかの方法で文書にて問合せをする

★ご注意ください★

お電話でのお問合せは、お受けいたしません。

①、②のどちらの方法でも、お問合せの際には、「お名前」とともに、

「対象の書籍名（○級・第○回対策も含む）およびその版数（第○版・○○年度版など）」
「お問合せ該当箇所の頁数と行数」
「誤りと思われる記載」
「正しいとお考えになる記載とその根拠」
を明記してください。

なお、回答までに1週間前後を要する場合もございます。あらかじめご了承ください。

① ウェブページ「Cyber Book Store」内の「お問合せフォーム」より問合せをする

【お問合せフォームアドレス】

https://bookstore.tac-school.co.jp/inquiry/

② メールにより問合せをする

【メール宛先　TAC出版】

syuppan-h@tac-school.co.jp

※土日祝日はお問合せ対応をおこなっておりません。
※正誤のお問合せ対応は、該当書籍の改訂版刊行月末日までといたします。

乱丁・落丁による交換は、該当書籍の改訂版刊行月末日までといたします。なお、書籍の在庫状況等により、お受けできない場合もございます。

また、各種本試験の実施の延期、中止を理由とした本書の返品はお受けいたしません。返金もいたしかねますので、あらかじめご了承くださいますようお願い申し上げます。

（2022年7月現在）

付録編
○問題編　解答用紙
○チェックテスト

〈解答用紙・チェックテストご利用時の注意〉
　本冊子には**問題編 解答用紙**と**チェックテスト**が収録されています。
　この色紙を残したまま中の冊子をていねいに抜き取り、ご利用ください。
　本冊子は以下のような構造になっております。

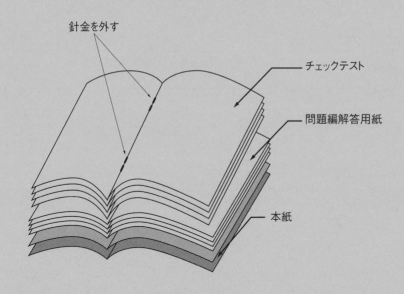

　チェックテストは、**上下2カ所の針金を外して**ご使用ください。
　針金を外す際には、ペンチ、軍手などを使用し、怪我などには十分ご注意ください。また、抜き取りの際の損傷についてのお取替えはご遠慮願います。

問題編

解答用紙

解答用紙はダウンロードもご利用いただけます。
TAC出版書籍販売サイト・サイバーブックストアにアクセスしてください。
https://bookstore.tac-school.co.jp/

（注）｜ ｜内の不要な文字を二重線で消去し、（ ）内には金額を記入しなさい。

問1

新規注文を引き受けた場合、利益が（ ）円 $\begin{Bmatrix} 増加 \\ 減少 \end{Bmatrix}$ するので、受注すべきで $\begin{Bmatrix} ある \\ ない \end{Bmatrix}$。

問2

新規注文を引き受けた場合、利益が（ ）円 $\begin{Bmatrix} 増加 \\ 減少 \end{Bmatrix}$ するので、受注すべきで $\begin{Bmatrix} ある \\ ない \end{Bmatrix}$。

問3

15,000個の販売単価を引き下げた場合（ ）円/個までならば、新規注文の引受けは当社にとって有利である。

問題 2

問1

予算損益計算書 （単位：円）

売　　上　　高	（　　　　　）
変動売上原価	（　　　　　）
変動製造マージン	（　　　　　）
変動販売費	（　　　　　）
貢　献　利　益	（　　　　　）
固　　定　　費	（　　　　　）
営　業　利　益	（　　　　　）

問2

X社からの追加注文を拒否すれば、営業利益は ［　　　　　］ 円となる。

X社からの追加注文を受諾すれば、営業利益は ［　　　　　］ 円となる。

よって追加注文を受諾したほうが、営業利益は ［　　　　　］ 円だけ $\begin{Bmatrix} 大きい \\ 小さい \end{Bmatrix}$ ので、この注文は $\begin{Bmatrix} 受諾 \\ 拒否 \end{Bmatrix}$ すべきである。

（注）｜ ｜内の不要な文字を二重線で消去しなさい。

（注）下記の ⬚ 内に計算結果を記入しなさい。問3、問4では内製・購入のうち、該当する文字または文章を○で囲み、不要な文字または文章を二重線で消しなさい。また、問4の ［　　］ には適切な番号を記入しなさい。

問1

第2製造部の製造間接費の原価分解

(1) 製品1台あたりの変動製造間接費 ⬚ 円

(2) 月間の固定製造間接費 ⬚ 円

問2

第2製造部長の6カ月間の給料総額 ⬚ 円

問3

(1) 次期6カ月間の生産量が ⬚ 台より多ければ、

　　｛内製 / 購入｝ が有利である。

　　内製、購入どちらでもよい。

(2) 次期6カ月間の生産量が ⬚ 台より少なければ、

　　｛内製 / 購入｝ が有利である。

　　内製、購入どちらでもよい。

(3) 次期6カ月間の生産量が ⬚ 台に等しければ、

　　｛内製 / 購入｝ が有利である。

　　内製、購入どちらでもよい。

問4

(1) 外部倉庫の賃借料節約額は、内製というコース選択にとって ［　　］ であるといえる。

(2) 次期6カ月間の生産量が ⬚ 台より多ければ、

　　｛内製 / 購入｝ が有利である。

　　内製、購入どちらでもよい。

（注）下記の ☐ 内に該当する文字または数字を記入し、「高い・低い」および「有利・不利」のいずれか不要のものを二重線で消去しなさい。

問1

この問題を解決する最も適切な原価は ☐ である。

問2

A案のほうが、B案よりも原価が ☐ 万円 $\begin{Bmatrix} 高い \\ 低い \end{Bmatrix}$ ので、A案のほうが $\begin{Bmatrix} 有利 \\ 不利 \end{Bmatrix}$ である。

問3

部品Aの年間必要量が ☐ 個以上ならば、A案のほうが $\begin{Bmatrix} 有利 \\ 不利 \end{Bmatrix}$ である。

問4

A案のほうが、C案よりも原価が ☐ 万円 $\begin{Bmatrix} 高い \\ 低い \end{Bmatrix}$ ので、A案のほうが $\begin{Bmatrix} 有利 \\ 不利 \end{Bmatrix}$ である。

問題 5

問1

製　　　品	A	B	C	合　計
製品単位あたり製造原価	円	円	円	——
売　上　総　利　益	万円	万円	万円	万円

（注）マイナスの場合は金額の前に△を付すこと。

問2

製　　　品	A	B	C	合　計
売　上　総　利　益	万円	万円	万円	万円

（注）マイナスの場合は金額の前に△を付すこと。

問3

製　　　品	A	B	C	合　計
売　上　総　利　益	万円	万円	万円	万円

（注）マイナスの場合は金額の前に△を付すこと。

問4

	工場全体の売上総利益
(1)	万円
(2)	万円
(3)	万円
(4)	万円

（注）マイナスの場合は金額の前に△を付すこと。

問題 6

製品Cの生産・販売を継続することで［　　　　　　　］円の $\begin{Bmatrix} 差額利益 \\ 差額損失 \end{Bmatrix}$ が発生するので、製品Cの生産・販売を廃止すべきで $\begin{Bmatrix} ある \\ ない \end{Bmatrix}$。

（注）不要な文字を二重線で消しなさい。

問1

　(1)　材料Mの1回あたりの発注費　　　　　　　　　　　　円

　(2)　材料Mの1個あたりの年間保管費　　　　　　　　　　円

　(3)　材料Mの経済的発注量　　　　　　　　　　　　　　個

問2

　　乙案のほうが甲案よりも原価が　　　　　　　　円 $\begin{cases} 高 \\ 低 \end{cases}$ く、 $\begin{cases} 不利 \\ 有利 \end{cases}$ である。

（注）該当する文字を○で囲みなさい。

問3

　(1)　問1の経済的発注量を採用したときの
　　　　値引を受けられないことによる年間の機会損失　　　　　　　　円

　(2)　1回に800個ずつ発注する場合の年間保管費　　　　　　　　円

　(3)　1回に　　　　　　　　個ずつ発注するのが最も有利である。

　　　なぜならば、このロットの発注費、保管費および機会損失の年間合計額が

　　　　　　　　　　　円となり、この年間合計額が他のロットで発注するよりも最低

　　となるからである。

問1

	正味現在価値	順位	判　　断
A	万円		採用すべきで（　ある　・　ない　）
B	万円		採用すべきで（　ある　・　ない　）
C	万円		採用すべきで（　ある　・　ない　）

（注）（　　）内は適切な文字を○で囲むこと（以下同様）。

問2

	収 益 性 指 数	順位	判　　断
A			採用すべきで（　ある　・　ない　）
B			採用すべきで（　ある　・　ない　）
C			採用すべきで（　ある　・　ない　）

問3

	内 部 利 益 率	順位	判　　断
A	％		採用すべきで（　ある　・　ない　）
B	％		採用すべきで（　ある　・　ない　）
C	％		採用すべきで（　ある　・　ない　）

問題 9

（注）｜　｜内の不要な文字を二重線で消しなさい。

問1

正味現在価値　[　　　　]　円　投資すべきで｛ある／ない｝。

問2

内部利益率　[　　　　]　％　投資すべきで｛ある／ない｝。

問題 10

(1) 年利率10％、期間が５年間の年金現価係数は（　　　　）である。

(2) 所要年間人件費の節約額は（　　　）万円以上である。

1級　工業簿記・原価計算
チェックテスト
（制限時間：90分）

　本試験と同様の形式のテスト問題（工業簿記1問、原価計算1問）です。

　テキストⅠ～Ⅳを学習したあと、解いて実力をチェックしておきましょう。

工業簿記

すずなり工業（株）では、製品Sを製造・販売している。製品Sの製造のために、まず第1工程の始点でX原料を投入し、これを加工して中間製品Rを製造し、その全量を第2工程に振り替える。次いで第2工程の始点で中間製品RとともにY原料とZ原料を配合投入し、これを加工して製品Sを製造する。

当社では、パーシャル・プランの全部標準原価計算を採用し、第1工程では作業区分点原価計算（工程の中間点を境に前半半部分を第1作業区分、後半部分を第2作業区分としている）を行い、第2工程では原価に与える配合割合の影響や歩留率の影響を知るために、原料等については消費量差異を配合差異と歩留差異に、同様に加工費については能率差異（標準配賦率を用いて計算）を（純粋な）能率差異と歩留差異に分析している。次の資料にもとづいて各問に答えなさい。

〔資　料〕

1. 中間製品Rおよび製品Sの原価標準

(1) 中間製品R1kgあたりの標準原価

(2) 加工費実際発生額は第1工程が1,440,000円（実際機械作業時間1,980時間）、第2工程が984,000円（実際機械作業時間2,340時間）であった。

(3) 第1工程の月初仕掛品は500kg、月末仕掛品は600kg、完成品は3,000kg、完成品は3,000kgであった。月初仕掛品は第2作業の40%まで完了しており、月末仕掛品は第1作業の60%まで終了している。なお、減損・仕損は一切生じなかった。

第2工程には月初・月末仕掛品はなく、実際生産量は7,200kgであった。

〔問1〕 第1工程の月初仕掛品原価、月末仕掛品原価、完成品原価および中間製品R完成品原価を求めなさい。

〔問2〕 第2工程について、答案用紙の原価計算関係諸勘定の記入を行うとともに、原料等の差異分析内訳表を完成させなさい。なお、次の点に留意すること。

① 原料はすべて掛けで仕入れており、各原料勘定で借記し、原料受入価格差異を把握している。

② 原料等の配合差異と歩留差異は、各原料等の標準単価を用いて分析している。

原価計算

第 1 問

A社は、活動基準原価計算を用いた製品原価計算を行っており、製造間接費の配賦計算のために、発注・受入活動、組立活動、検査活動、補修活動、出荷活動および工場管理活動の6つのコスト・プールを設けている。以下の資料にもとづいて、下記の問 1 から問 6 に答えなさい。

〔資　料〕製品に関する年間計画データ

① 生産台数は製品 X が5,000台、製品 Y が200,000台である。

② 1台あたり直接材料費は製品 X が4,916円、製品 Y が8646円である。

③ 1台あたり直接労務費は製品 X が3,000円、製品 Y が400円である。

④ 製品 X の製造には30種類の部品を利用しているが、各部品について年間40回ずつの発注を行う。また製品 Y の製造には10種類の部品を利用しているが、各部品について年間20回ずつの発注を行う。当社では、各部品1回の発注に対して平均して8,000円の発注費が掛かる。

⑤ 直接製品 X よ、全品検本を行っているが、1台あたり検本時間は製品 X が20時間、製品 Y が2

〔問3〕 仮に、当社が伝統的な全部原価計算方式により製品原価計算を行っているものとする。製造間接費の配賦基準には直接作業時間を用い、次の文章の（　）に適当な金額を、また〔　〕には適当な言葉を補って完成させなさい。

「伝統的な全部原価計算によって製品種類別に計算した単位原価から、活動基準原価計算によって計算した製品種類別の単位原価をそれぞれ差し引くと、製品種類別に原価の歪みが判明する。この単位あたりの原価の歪みをそれぞれに生産数量を掛けると、製品間で原価の〔　①　〕がどれほど行われていたかが明らかになる。

すなわち製品Xは、総額で（　②　）円の原価が〔　③　〕に負担させられているのに対し、製品Yは（　④　）円の原価が〔　⑤　〕に負担させられていることがわかる。このことはこれらの原価の歪みを合計すれば、その合計額は（　⑥　）円となることから明らかである。」

〔問4〕 問2で計算した価格で販売を行ったところ、製品Xの売上は思わしくなかった。調査を行ったところ、製品Xには強力な競合製品が存在していた。さらに調査して、出荷回数を年間50回に増やし、販売単価を現在よりも15％安く設定するなら8,000台の販売も可能であることがわかった。そこで、バリュー・エンジニアリング（VE）を実施し、下記の(イ)～(ホ)の成果を得て、製造単価を1,800円も引き下げることができた。成果(ホ)のxの値を答えなさい。

第2問

　B工業では、製品Zを生産・販売している。製品Zは材料Vを使用して生産されるが、製品Zの20×7年における計画生産量は726,000単位、単位あたり材料V消費量は100kgである。また材料V発注1回につき通信費が3,600円、事務用消耗品費は4,400円であり、保管する材料V1kgにつき年間火災保険料は65円、材料Vに対する投資額に対して5%の資本コストを計上する。

　そこで、製品Z生産ラインの年間操業日数は242日、材料の年間単位購入原価は1,700円、1回あたり発注費は定額であり、発注回数に比例して発生し、材料の年間保管費は、材料の平均在庫量に比例して発生するものとし、(1)材料V発注1回あたり発注費、(2)材料V1kgあたり年間保管費、(3)年間発注費と年間保管費の合計額が最小となる材料Vの経済的発注量を求めなさい。

解答用紙

工 業 簿 記

〔問1〕

月初仕掛品原価 …　$\boxed{}$　円

月末仕掛品原価 …　$\boxed{}$　円

中間製品R完成品原価 …　$\boxed{}$　円

〔問2〕（　）の中に適切な金額を記入しなさい（単位：円）。なお、不要な（　）は空欄のままにすること。

		第2工程仕掛品	
中間製品R	（　　）（　　）	（　　）（　　）	製品（　　）
		差異（　）	

Y	原 料	配 合 差 異	歩 留 差 異
（　　）（　　）	（　　）（　　）	（　　）（　　）	（　　）（　　）

原 価 計 算

第1問

〔問1〕

(1)	円
(2)	回
(3)	回
(4)	時間
(5)	時間
(6)	台
(7)	台
(8)	回
(9)	回

〔問2〕

製造単価	販売単価

解答解説

工業簿記

【問1】

月初仕掛品原価 … ❷ 378,000 円

月末仕掛品原価 … ❷ 338,400 円

中間製品R完成品原価 … ❷ 2,700,000 円

【問2】 （　　）の中に適切な金額を記入しなさい（単位：円）。なお、不要な（　　）は空欄のままにすること。

中間製品 R		第2工程仕掛品		製品
（ 2,700,000 ）（ 2,700,000 ）	❷ (6,092,000)（ 5,760,000 ）差異(332,000)	❷ (5,760,000)

Y 値　　　　　粗　　　　　配　合　差　異　　　　歩　留　差　異

◢ 解説

1. 原価標準の算定

(1) 中間製品Rの原価標準（第1工程）

標準配賦率：1,440,000円÷2,400時間＝@600円（変動費率@250円、固定費率@350円）

中間製品R 1kgあたりの標準原価

X 原 料：@420円×1kg ＝420円
加 工 費
　第1作業：@600円×0.4時間＝240円
　第2作業：@600円×0.4時間＝240円
　合　　計　　　　　　　　　　900円

(2) 製品Sの原価標準（第2工程）

中間製品R：第1工程より

Y 原 料：12kg÷標準歩留率80％－（中間製品R 5kg＋Z原料4kg）＝6kg
　　　　　投入量合計15kg

標準配賦率：1,000,000円÷2,000時間＝@500円（変動費率@240円、固定費率@260円）

製品S 12kgあたりの標準原価

仕掛品—X原料

月初 500kg	当月完成 3,000kg
当月投入 3,100kg	月末 600kg

(2) 月初・月末仕掛品原価および中間製品R完成品原価の計算

① 月初仕掛品原価：

仕掛品—第1作業加工費

月初 500kg×100% =500kg	当月完成 3,000kg
当月投入 2,860kg	月末 600kg×60% =360kg

X 原 料：@420円×500kg＝210,000円
第1作業加工費：@240円×500kg＝120,000円
第2作業加工費：@240円×200kg＝ 48,000円
合 計　　　　　　　　　　 378,000円

② 月末仕掛品原価：

仕掛品—第2作業加工費

月初 500kg×40% =200kg	当月完成 3,000kg
当月投入 2,800kg	月末 —kg
(賃借差引)	

X 原 料：@420円×600kg＝252,000円
第1作業加工費：@240円×360kg＝ 86,400円
第2作業加工費：
合 計　　　　　　　　　　 338,400円

③ 中間製品R完成品原価：@900円×3,000kg＝2,700,000円（第2工程への振替額）

3. 第2工程の計算

(1) 各原料勘定と原料受入価格差異の計算

Y 原 料

当月購入 4,150kg	当月消費 3,800kg
	月末

Z 原 料

当月購入 3,200kg	当月消費 2,800kg
	月末

(3) 生産データの整理

〈標準減損ベース〉：正常減損のみが発生すると仮定したとき（＝標準歩留）の生産データ
〈実際減損ベース〉：実際減損（＝実際歩留）にもとづく生産データ

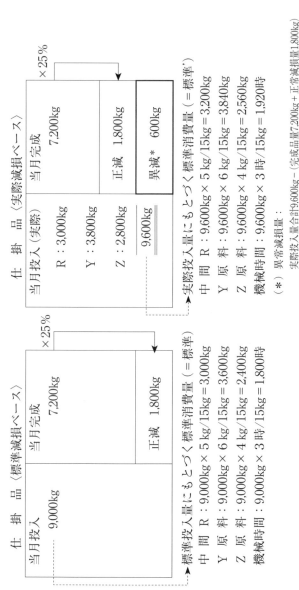

仕 掛 品 〈標準減損ベース〉

当月投入	当月完成
9,000kg	7,200kg
	正減 1,800kg ×25%

→標準投入量にもとづく〈標準消費量（＝標準'）
中 間 R：9,000kg×5 kg/15kg＝3,000kg
Y 原 料：9,000kg×6 kg/15kg＝3,600kg
Z 原 料：9,000kg×4 kg/15kg＝2,400kg
機械時間：9,000kg×3 時/15kg＝1,800時

仕 掛 品 〈実際減損ベース〉

当月投入（実際）	当月完成
R：3,000kg	7,200kg
Y：3,800kg	
Z：2,800kg	正減 1,800kg
9,600kg	異減＊ 600kg ×25%

→実際投入量にもとづく標準消費量（＝標準'）
中 間 R：9,600kg×5 kg/15kg＝3,200kg
Y 原 料：9,600kg×6 kg/15kg＝3,840kg
Z 原 料：9,600kg×4 kg/15kg＝2,560kg
機械時間：9,600kg×3 時/15kg＝1,920時

（＊）異常減損量：
実際投入量合計9,600kg−（完成品量7,200kg＋正常減損量1,800kg）
＝600kg

製品S完成品原価：9,600円÷12kg×7,200kg＝**5,760,000円**

(4) 原価差異の差異分析

(5) 加工費の差異分析

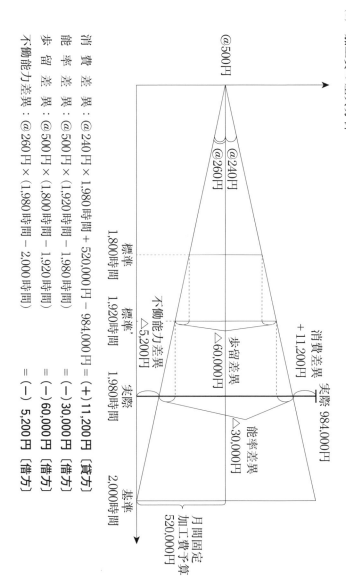

@500円
@240円
@260円

消費差異　+11,200円
実際　984,000円
歩留差異　△60,000円
能率差異　△30,000円
不働能力差異　△5,200円
月間固定加工費予算　520,000円

標準　1,800時間
標準'　1,920時間
実際　1,980時間
基準　2,000時間

消　費　差　異：@240円×1,980時間+520,000円－984,000円＝（＋）11,200円　［貸方］
能　率　差　異：@500円×（1,920時間－1,980時間）＝（－）30,000円　［借方］
歩　留　差　異：@500円×（1,800時間－1,920時間）＝（－）60,000円　［借方］
不働能力差異：@260円×（1,980時間－2,000時間）＝（－）5,200円　［借方］

(6) 勘定記入

中間製品R	
2,700,000	2,700,000

第2工程仕掛品	
6,092,000	5,760,000
	差異　332,000

製品S	
5,760,000	5,760,000

第 1 作業：@ ? 円 × ? 時間 ＝ ? 円
第 2 作業：@ ? 円 × 0.4時間 ＝ ? 円
合 計　　　　　　　　　　　 ? 円

(2) 製品S 12kgあたりの標準原価

中間製品R：@ ? 円 × 5kg ＝ ? 円
Y 原 料：@ 280円 × ? kg ＝ ? 円
Z 原 料：@ 480円 × 4kg ＝ 1,920円
加 工 費：@ ? 円 × 3時間 ＝ ? 円
合 計　　　　　　　　　　 ? 円

(注) 第 2 工程では終点で減損が発生し、標準歩留率は80％である。

2．加工費予算

当社では、加工費を機械作業時間にもとづいた公式法変動予算によって設定している。月間加工費予算は第 1 工程が1,440,000円（うち変動費は600,000円）、第 2 工程が1,000,000円（うち変動費は480,000円）であり、基準操業度は第 1 工程が2,400時間、第 2 工程が2,000時間である。

3．当月の実績データ

(1) X原料、Y原料およびZ原料はいずれも月初在庫量はなく、X原料は@425円で3,500kg購入し、月末在庫量は400kg、Y原料は@296円で4,150kg購入し、月末在庫量は350kg、Z原料は@465円で3,200kg購入し、月末在庫量は400kgであった。なお、各原料とも棚卸減耗は一切生じていない。

で補修を行う。

⑦ 製品の出荷は、製品Xが年間40回、製品Yが年間10回行う。

⑧ 製造間接費の配賦計算に係るデータは次の表のとおりである。

コスト・プール	コスト・ドライバー	単位あたりコスト	各製品に係るコスト・ドライバー量 製品 X	製品 Y
発注・受入活動	発注回数	(1)	(2)	(3)
組立活動	直接作業時間	@52円	25,000時間(=5時間×5,000台)	200,000時間(=1時間×200,000台)
検査活動	検査時間	@33.2円	(4)	(5)
補修活動	仕損品数	@2,500円	(6)	(7)
出荷活動	出荷回数	@80,000円	(8)	(9)
工場管理活動	直接作業時間	@80円	25,000時間(=5時間×5,000台)	200,000時間(=1時間×200,000台)

〔問1〕 上記資料⑧の表の空欄(1)から(9)に入る数値を答えなさい。

〔問2〕 上記資料を基礎として製品XとYの製造単価を計算し、製造単価の50%をマーク・アップして、販売単価を設定している。各製品の製造単価および販売単価はそれぞれいくらか。

3

円だけ増加した。

（ハ）　1台あたり直接作業時間を4時間に引き下げた。

（ニ）　1台あたり検査時間を15時間に短縮させた。

（ホ）　仕損率を8％から x ％に減少させた。

〔問5〕　問2の販売単価の15％引きで製品Xを購入する顧客には、その製品Xを購入する顧客には、その購入後もさまざまなコストが掛かる。すなわち、平均利用年数4年の間に、毎年の電気代3,000円と4年後に廃棄費用として2,000円が掛かる。さらに購入1年後に故障が発生し修理代の掛かり、その金額は20％である。その金額は、15％の確率で2,000円、4％の確率で5,000円、1％の確率で10,000円である。この場合、製品Xの取得から廃棄までのライフサイクル全体を通じて、顧客が負担するトータル・コストは、現在価値にいくらとなるか。割引率は年10％である。現在価値の計算には次の現価係数表を用いる。

年	1	2	3	4
10％の現価係数	0.91	0.83	0.75	0.68

〔問6〕　問5の条件のもとで、毎年の電気代が半額、廃棄費用がゼロ、1年後に修理代の掛かる確率が15％に減って、修理代が10％の確率で4,000円、5％の確率で8,000円になるとすれば、そのような製品Xの購入に対して、現在の顧客はいくらまで支払うであろうか。割引率は年10％である。現在価値の計算には上記の現価係数表を用いる。

4

5

原料等の差異分析内訳表

Z 原 料
（ ）（ ）月末（ ）

原料受入価格差異
（ ）（ ）

消 費 差 異
（ ）

加 工 費
（ ）（ ）

能 率 差 異
（ ）（ ）

不働能力差異
（ ）

製 品 R	原料受入価格差異	配 合 差 異	歩 留 差 異
中間製品R	ー	円〔　〕	円〔　〕
Y 原 料	円〔　〕	円〔　〕	円〔　〕
Z 原 料	円〔　〕	円〔　〕	円〔　〕
合 計	円〔　〕	円〔　〕	円〔　〕

（注）〔 〕内には、有利差異の場合は「貸方」、不利差異の場合は「借方」と記入すること。

7

〔問3〕

①		
②		円
③		
④		円
⑤		
⑥		円

〔問4〕

x の値	
	%

〔問5〕

トータル・コスト	
	円

〔問6〕

顧客が支払う上限額	
	円

第2問

(1)	円
(2)	円
(3)	kg

Z 原　料
(1,536,000)|(1,344,000)
　　　　　　月末(192,000)

原料受入価格差異
(18,400)(　)

消　費　差　異
(　)❷(11,200)

能　率　差　異
❷(30,000)(　)

不働能力差異
(　)

加　工　費
(984,000)(984,000)

❶(5,200)(　)

原料等の差異分析内訳表

製品R	原料受入価格差異	配　合　差　異	歩　留　差　異
中間製品R	—	180,000 円〔貸方〕	180,000 円〔借方〕
Y　原　料	66,400 円〔借方〕	11,200 円〔貸方〕	❷ 67,200 円〔借方〕
Z　原　料	48,000 円〔貸方〕	❷115,200 円〔借方〕	76,800 円〔借方〕
合　　計	❷ 18,400 円〔借方〕	76,000 円〔貸方〕	324,000 円〔借方〕

(注)〔　〕内には、有利差異の場合は「貸方」、不利差異の場合は「借方」と記入すること。

●数字は採点基準　合計25点

加　工　費：＠500円×3時間＝1,500円
　　合　　計　　　　　　　　9,600円

2．第1工程の計算

(1)　生産データの整理

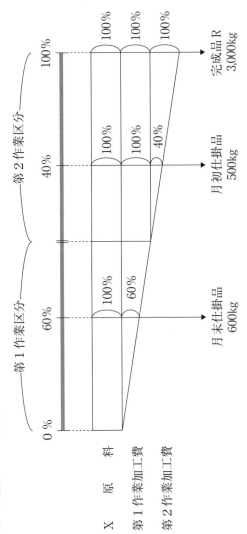

上記より、生産データを整理すれば次のようになる。

10

Y原料：@280円×4,150kg＝1,162,000円
Z原料：@480円×3,200kg＝1,536,000円

② 当月消費額
Y原料：@280円×3,800kg＝1,064,000円
Z原料：@480円×2,800kg＝1,344,000円

③ 月末有高
Y原料：@280円×350kg＝ 98,000円
Z原料：@480円×400kg＝192,000円
合計

④ 原料受入価格差異
Y原料：(@280円－@296円)×4,150kg＝(－)66,400円〔借方〕
Z原料：(@480円－@465円)×3,200kg＝(＋)48,000円〔貸方〕
合計 (－)18,400円〔借方〕

(2) 製品Sの原価標準の整理
中間製品R：@900円×5kg＝4,500円
Y 原 料：@280円×6kg＝1,680円
Z 原 料：@480円×4kg＝1,920円
投 入 合 計 15kg 8,100円
減 損 3kg
完 成 品 12kg

① 標準配合割合（投入1kgあたり）
中間製品R：5kg/15kg
Y 原 料：6kg/15kg
Z 原 料：4kg/15kg

② 良品に対する標準減損率
減損量／完成品量： 3kg／12kg＝0.25（完成品の25％）

③ 標準機械作業時間（投入1kgあたり）
3時間/15kg

11

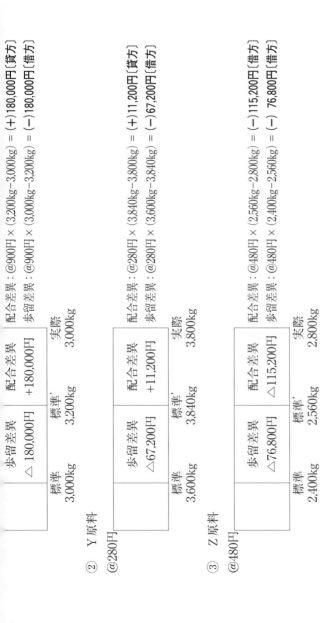

配合差異：@900円 × (3,200kg−3,000kg) = (+)180,000円〔貸方〕
歩留差異：@900円 × (3,000kg−3,200kg) = (−)180,000円〔借方〕

歩留差異 △180,000円	配合差異 +180,000円
標準 3,000kg	標準' 3,200kg	実際 3,000kg

② Y原料

@280円

配合差異：@280円 × (3,840kg−3,800kg) = (+)11,200円〔貸方〕
歩留差異：@280円 × (3,606kg−3,840kg) = (−)67,200円〔借方〕

歩留差異 △67,200円	配合差異 +11,200円
標準 3,600kg	標準' 3,840kg	実際 3,800kg

③ Z原料

@480円

配合差異：@480円 × (2,560kg−2,800kg) = (−)115,200円〔借方〕
歩留差異：@480円 × (2,400kg−2,560kg) = (−)76,800円〔借方〕

歩留差異 △76,800円	配合差異 △115,200円
標準 2,400kg	標準' 2,560kg	実際 2,800kg

月末 98,000

乙　原　料

1,536,000 ┃ 1,344,000
　　　　　┃ 月末 192,000

原料受入価格差異 18,400

配　合　差　異　　76,000

消　費　差　異　　11,200

能　率　差　異　　30,000

加　工　費　　984,000 ┃ 984,000

不　働　能　力　差　異　　5,200

原　料　歩　留　差　異　　324,000

加工費歩留差異　60,000

(注) 解答上は原料等の歩留差異と加工費歩留差異を合計する。

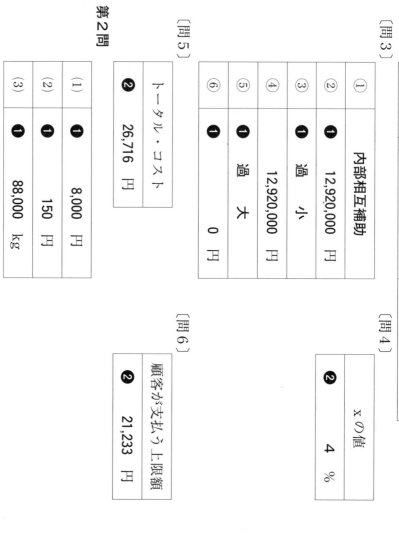

【問3】

①	❶	内部相互補助	
②	❶	12,920,000	円
③	❶	過　小	
④	❶	12,920,000	円
⑤	❶	過　大	
⑥	❶	0	円

【問4】

		x の値	
	❷	4	%

【問5】

		トータル・コスト	
	❷	26,716	円

【問6】

		顧客が支払う上限額	
	❷	21,233	円

第2問

(1)	❶	8,000	円
(2)	❶	150	円
(3)	❶	88,000	kg

●数字は採点基準　合計25点。

＊8 資料⑦から、出荷回数は40回である。
＊9 ＊8と同様、出荷回数は10回である。

[問2] 製造原価および販売単価の計算

1. 製造間接費の配賦

製品X：

コスト・プール	単位あたりコスト		コスト・ドライバー		配賦額
発注・受入活動	@8,000円	×	1,200回	=	9,600,000円
組立活動	@52円	×	25,000時間	=	1,300,000円
検査活動	@33.2円	×	100,000時間	=	3,320,000円
補修活動	@2,500円	×	400台	=	1,000,000円
出荷活動	@80,000円	×	40回	=	3,200,000円
工場管理活動	@80円	×	25,000時間	=	2,000,000円
合計					20,420,000円

製品Y：

コスト・プール	単位あたりコスト		コスト・ドライバー		配賦額
発注・受入活動	@8,000円	×	200回	=	1,600,000円
組立活動	@52円	×	200,000時間	=	10,400,000円
検査活動	@33.2円	×	400,000時間	=	13,280,000円
補修活動	@2,500円	×	2,000台	=	5,000,000円
出荷活動	@80,000円	×	10回	=	800,000円
工場管理活動	@80円	×	200,000時間	=	16,000,000円
合計					47,080,000円

3. 原価の**内部相互補助**（①）

ＡＢＣにより計算された適正な原価と全部原価計算により計算された原価との差に生産台数を掛けたものを内部相互補助という。

製品Ｘ：（1,500円／台 − 4,084円／台）× 5,000台 ＝ （−）12,920,000円 （②）〔**過小**（③）〕
　　　　 全部原価計算　　　ＡＢＣ

製品Ｙ：（300円／台 − 235.4円／台）× 200,000台 ＝ （＋）12,920,000円 （④）〔**過大**（⑤）〕
　　　　 全部原価計算　　　ＡＢＣ

　　　　　　　　　　　　　　　　　　　　　　合　計　　　　　　　0円 （⑥）

10,200円/台 － (5,174円/台 ＋ 2,400円/台) ＝ 2,626円/台
　　製造原価　　　直接材料費　　直接労務費

製造間接費総額：2,626円/台×8,000台＝21,008,000円

3. VE後のコスト・プール別製造間接費

コスト・プール	単位あたりのコスト	コスト・ドライバー		配 賦 額
発注・受入活動	@8,000円	× 1,000回	＝	8,000,000 円
組 立 活 動	@52円	× 32,000時間	＝	1,664,000 円
検 査 活 動	@33.2円	× 120,000時間	＝	3,984,000 円
補 修 活 動	@2,500円	× 8,000台×x%	＝	20,000,000 x 円
出 荷 活 動	@80,000円	× 50回	＝	4,000,000 円
工 場 管 理 活 動	@80円	× 32,000時間	＝	2,560,000 円
合　　計				21,008,000 円

VE後の仕損率（x）は、次の式によって求める。

$$20,208,000円 + 20,000,000 x = 21,008,000円 \quad \therefore \quad x = 0.04$$
補修活動以外の　　補修活動に集計　　製造間接費
製造間接費　　　された製造間接費　　総　額

したがって、**4％がVE後の仕損率となる。**

を求める。

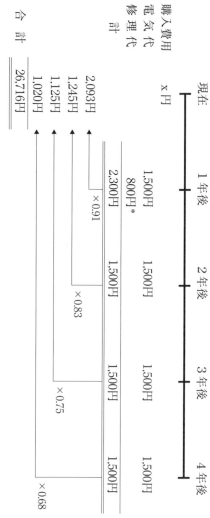

	現在	1年後	2年後	3年後	4年後
購入費用	x円				
電気代		1,500円	1,500円	1,500円	1,500円
修理代		800円*			
計		2,300円	1,500円	1,500円	1,500円

合計 26,716円

　2,093円 ×0.91
　1,245円 ×0.83
　1,125円 ×0.75
　1,020円 ×0.68

＊ 修理代の計算
4,000円×10％＋8,000円×5％＝800円

x ＋ 2,093 ＋ 1,245 ＋ 1,125 ＋ 1,020 ＝ 26,716
x ＝ 21,233

したがって、現在の顧客が購入時に支払ってもよいと考える上限額は**21,233円**である。

以上から、経済的発注量は 88,000kg となる。

第2問　経済的発注量の計算

(1) 材料V発注1回あたり発注費

発注1回に要する通信費　　　　　　　　　3,600円

発注1回に要する事務用消耗品費　　　　　4,400

1回あたり発注費　　　　　　　　　　　**8,000円**

(2) 材料V 1kgあたり年間保管費

1kgあたり年間火災保険料　　　　　　　　　65円

資本コスト（購入原価1,700円×5％）　　　 85

1kgあたり年間保管費　　　　　　　　　**150円**

(3) 経済的発注量

材料年間必要量：当期計画生産量726,000単位×100kg/単位＝72,600,000kg

経済的発注量をL（kg）とすると、次の算式が導き出せる。

発注費：$8,000円/回 \times \dfrac{72,600,000kg}{Lkg}$

保管費：$150円/kg \times \dfrac{Lkg}{2}$

ここで、「発注費＝保管費」とおくことにより経済的発注量を求める。

$$8,000 \times \dfrac{72,600,000}{L} = 150 \times \dfrac{L}{2}$$

$8,000 \times 72,600,000$

【問5】 顧客ライフサイクル・コスティング

各年度に掛かる費用と、現在価値に割引した後の費用合計（＝ライフサイクル・コスト）を求める。

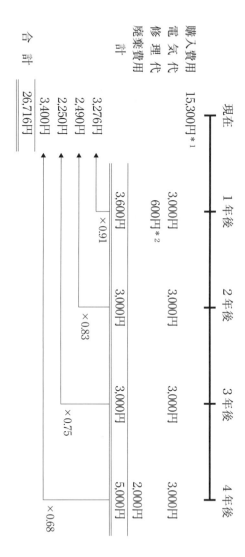

	現在	1年後	2年後	3年後	4年後
購入費用	15,300円*1				
電気代		3,000円	3,000円	3,000円	3,000円
修理代		600円*2			
廃棄費用					2,000円
計		3,600円	3,000円	3,000円	5,000円

3,276円 ← ×0.91
2,490円 ← ×0.83
2,250円 ← ×0.75
3,400円 ← ×0.68

合計　26,716円

＊1　販売単価
18,000円×(100%−15%)＝15,300円

＊2　修理代の計算
2,000円×15%＋5,000円×4%＋10,000円×1%＝600円

【問6】 条件変更後の顧客ライフサイクル・コスティング

したがって、顧客が負担するトータル・コスト（＝ライフサイクル・コスト）は26,716円である。

[問4] バリュー・エンジニアリング（VE）の効果測定

1. VE後のコスト・ドライバー量
   VE後の仕損率＝x（％）とおく。

コスト・プール	コスト・ドライバー	単位あたりコスト	製品Xに係るコスト・ドライバー量
発注・受入活動	発注回数	@8,000円	1,000回*1
組立活動	直接作業時間	@52円	32,000時間*2 （＝4時間×8,000台）
検査活動	検査時間	@33.2円	120,000時間*3
補修活動	仕損品数	@2,500円	8,000台〈生産台数〉× x %〈仕損率〉
出荷活動	出荷回数	@80,000円	50回*4
工場管理活動	直接作業時間	@80円	32,000時間 （＝4時間×8,000台）

*1 資料（イ）から。または次のように計算する。
   25種類〈部品数〉×40回〈年間発注回数〉＝1,000回

*2 1台あたり直接作業時間は5時間から4時間に変化する。

*3 8,000台〈生産販売台数〉×15時間〈検査時間〉＝120,000時間

*4 資料から出荷回数は40回から50回に増加する。

2. VE後の単位あたり製造原価と製造間接費

単位あたり製造原価：

直接材料費：@4,916円＋@258円	＝	5,174円/台
直接労務費：@3,000円÷5時間×4時間	＝	2,400円/台
製造間接費：	＝	（ ？ ）円/台
合 計		10,200円/台（＝12,000円/台－1,800円/台）

2. 単位あたり製造間接費
　製品X：20,420,000円÷5,000台＝4,084円/台
　製品Y：47,080,000円÷200,000台＝235.4円/台

3. 製造単価
　製品X：4,916円/台＋3,000円/台＋4,084円/台＝12,000円/台
　　　　直接材料費　　直接労務費　　製造間接費
　製品Y：864.6円/台＋400円/台＋235.4円/台＝1,500円/台
　　　　直接材料費　直接労務費　製造間接費

4. 販売単価
　製品X：12,000円/台×150%＝18,000円/台
　製品Y：1,500円/台×150%＝2,250円/台

〔問3〕 伝統的な全部原価計算による製造間接費配賦および内部相互補助

本問において、伝統的全部原価計算方式では、製造間接費について操業度関連の基準（本問では直接作業時間基準）による配賦を行う。

1. 製品別の製造間接費配賦額

配賦率：$\dfrac{20,420,000円＋47,080,000円}{25,000時間＋200,000時間}＝300円/時間$

各製品への配賦額：
製品X：300円/時間×25,000時間＝7,500,000円
製品Y：300円/時間×200,000時間＝60,000,000円

第1問　活動基準原価計算（ABC）、ライフサイクル・コスティング

[問1]　コスト・ドライバー等の計算

製造間接費配賦表：

コスト・プール	コスト・ドライバー	単位あたりコスト	各製品に係るコスト・ドライバー量	
			製品X	製品Y
発注・受入活動	発注回数	*1 @8,000円	*2 1,200回	*3 200回
組立活動	直接作業時間	@52円	25,000時間（＝5時間×5,000台）	200,000時間（＝1時間×200,000台）
検査活動	検査時間	@33.2円	*4 100,000時間	*5 400,000時間
補修活動	仕損品数	@2,500円	*6 400台	*7 2,000台
出荷活動	出荷回数	@80,000円	*8 40回	*9 10回
工場管理活動	直接作業時間	@80円	25,000時間（＝5時間×5,000台）	200,000時間（＝1時間×200,000台）

*1　資料(4)から、1回あたり発注費は@8,000円である。

*2　資料(4)にもとづき計算する。
製品X：30種類〈部品点数〉×40回〈年間発注回数〉＝1,200回

*3　*2と同様に計算する。
製品Y：10種類〈部品点数〉×20回〈年間発注回数〉＝200回

*4　資料(5)にもとづき計算する。
製品X：5,000台〈生産台数〉×20時間〈1台あたり検査時間〉＝100,000時間

*5　*4と同様に計算する。
製品Y：200,000台〈生産台数〉×2時間〈1台あたり検査時間〉＝400,000時間

原 価 計 算

第1問
〔問1〕

(1)		@8,000 円
(2)	❷	1,200 回
(3)		200 回
(4)	❷	100,000 時間
(5)		400,000 時間
(6)	❷	400 台
(7)		2,000 台
(8)	❷	40 回
(9)		10 回

〔問2〕

製 造 単 価	販 売 単 価

問1

	回 収 期 間
A	年
B	年
C	年

問2

	投下資本利益率
A	％
B	％
C	％

(1) 投資案Bの正味現在価値 ☐ 万円

(2) 投資案Bの内部利益率 ☐ ％

したがって、この案は ⎰ 採用すべきである。⎱ （不要な文字を消しなさい）
　　　　　　　　　　⎱ 採用すべきでない。⎰

問1

当社の投資資金の税引後加重平均資本コスト率（　　　　　　　）％

問2

各年度末の建物と設備の減価償却費の合計額（単位：万円）

20×1年度	20×2年度	20×3年度	20×4年度
（　　　　）	（　　　　）	（　　　　）	（　　　　）

問3

20×2年度末に発生すると予想されるキャッシュ・フローの合計額

（　　　　　　　）万円

問4

投資終了時の正味回収額　（　　　　　　）万円

問5

この投資の正味現在価値　（　　　　　　）万円

したがって、この投資は $\left\{\begin{array}{l}\text{有利な投資}\\\text{不利な投資}\end{array}\right\}$ である。（不要な文字を消しなさい）

問6

この投資の内部利益率（％未満第2位を四捨五入して第1位まで表示）

（　　　　　　　）％

問1

　利率12%、４年間にわたる年金の年金現価係数 ☐

問2

　法人税の影響を考慮せず、旧機械を売却処分し、新機械を購入する場合の正味現在

価値 ☐ 万円

問3

　法人税の影響を考慮しつつ、旧機械を売却処分し、新機械を購入する場合の正味現

在価値 ☐ 万円

問4

　法人税の影響を考慮しつつ、旧機械の売却を考えずに、旧機械をそのまま使用する

場合の正味現在価値 ☐ 万円

問5

問３で計算した　　　　　問４で計算した
新機械の正味現在価値 － 旧機械の正味現在価値 ＝ ☐ 万円

したがって、新機械に取り替えるほうが { 有利である。 (不要な文字を消しなさい)
　　　　　　　　　　　　　　　　　　 不利である。

問6

① ☐ 法

② ☐ 万円

③ ☐

問題 15

問1　各代替案の税引前キャッシュ・フロー

(単位：万円)

	第0年度末	第1年度末	第2年度末	第3年度末	第4年度末
甲案					
乙案					

（注）キャッシュ・フローがマイナス（現金支出）の場合は、数字をカッコでくくりなさい。

問2　各代替案の税引後キャッシュ・フロー

(単位：万円)

	第0年度末	第1年度末	第2年度末	第3年度末	第4年度末
甲案					
乙案					

（注）キャッシュ・フローがマイナス（現金支出）の場合は、数字をカッコでくくりなさい。

問3

(単位：万円)

	甲　　案	乙　　案	差額（甲案－乙案）
正味現在価値			

（注）正味現在価値がマイナスの場合は、数字をカッコでくくりなさい。

したがって、新設備を導入するほうが（有利・不利）である。
（二重線を引いて不要の文字を消しなさい）

問題 16

問1

リース料の適用利子率　　　　　　　　　　　　　　　　％

問2

リースの場合の正味現在価値　　　　　　　　　　　万円

借入・購入の場合の正味現在価値　　　　　　　　　万円

よって $\left\{\begin{array}{l} リース \\ 借入・購入 \end{array}\right\}$ のほうが有利である。（不要な文字を消去すること）

問題 17

問1
　当社の投資資金の税引後加重平均資本コスト率（　　　　　　）％

問2
　正味現在価値：A機械　（　　　　　　）万円
　　　　　　　　　　B機械　（　　　　　　）万円
　したがって、｛A機械、B機械｝を導入すべきである。
　（注）｛　　｝内の不要な文字を二重線で消去すること。

問3
　B機械のほうが有利となる年間稼働現金支出費用は（　　　　　　）万円以下である。

問題 18

① [　　　　　　　　]
② [　　　　　　　　]
③ [　　　　　　　　] 万円
④ [　　　　　　　　]
⑤ [　　　　　　　　]
⑥ [　　　　　　　　] 万円

問1　各製品の年間計画生産・販売量………………………製品A　　　　　　　　　台

　　　　　　　　　　　　　　　　　　　　　　　　　　製品B　　　　　　　　　台

　　　　　　　　　　　　　　　　　　　　　　　　　　製品C　　　　　　　　　台

問2　(1)　製造間接費、販売費及び一般管理費予算総額…………　　　　　　　　　円

　　　(2)　各製品の単位あたり総原価………………………製品A　　　　　　　　　円

　　　　　　　　　　　　　　　　　　　　　　　　　　製品B　　　　　　　　　円

　　　　　　　　　　　　　　　　　　　　　　　　　　製品C　　　　　　　　　円

　　　(3)　製品別の年間営業利益総額…………………………製品A　　　　　　　　　円

　　　　　　　　　　　　　　　　　　　　　　　　　　製品B　　　　　　　　　円

　　　　　　　　　　　　　　　　　　　　　　　　　　製品C　　　　　　　　　円

　　　（注）　損失が生じる場合は金額の前に△を付すこと。

問3　(1)　各製品の単位あたり総原価………………………製品A　　　　　　　　　円

　　　　　　　　　　　　　　　　　　　　　　　　　　製品B　　　　　　　　　円

　　　　　　　　　　　　　　　　　　　　　　　　　　製品C　　　　　　　　　円

　　　(2)　製品別の年間営業利益総額…………………………製品A　　　　　　　　　円

　　　　　　　　　　　　　　　　　　　　　　　　　　製品B　　　　　　　　　円

　　　　　　　　　　　　　　　　　　　　　　　　　　製品C　　　　　　　　　円

　　　（注）　損失が生じる場合は金額の前に△を付すこと。

問4　①　　　　　　　　　　　円

　　　②　（　過大・過小　）

　　　③　　　　　　　　　　　円

　　　④　（　過大・過小　）

　　　⑤　　　　　　　　　　　円

　　　⑥　（　過大・過小　）

問題 20

問1

顧客別の営業費　　　X社 [　　　　　　　] 円

　　　　　　　　　　Y社 [　　　　　　　] 円

問2

Y社に対する営業利益 [　　　　　　　] 円

問題 21

問1

製造間接費予定配賦額 [　　　　　　] 円

問2

販売費予定配賦額 [　　　　　　] 円